우리 아이 **빵빵** 시리즈 ⑮

바로 알고, 바로 쓰는

빵빵한 어린이 사자소학

글 | 현상길
그림 | 박빛나

꾸벅

스윽

U&B
유앤북

바로 알고, 바로 쓰는
빵빵한
어린이
사자소학

초판 1쇄 인쇄 ㅣ 2025년 1월 25일
초판 2쇄 발행 ㅣ 2025년 1월 25일

글 ㅣ 현상길
그 림 ㅣ 박빛나
펴낸이 ㅣ 안대준
펴낸곳 ㅣ 유앤북
등 록 ㅣ 제 2022-000002호
주 소 ㅣ 서울시 중구 필동로 8길 61-16, 4층
전 화 ㅣ 02-2274-5446
팩 스 ㅣ 0504-086-2795

ISBN 979-11-988530-2-8 74700
ISBN 979-11-977525-0-6 74700 (세트)

바로 알고, 바로 쓰는

빵빵한 어린이 사자소학

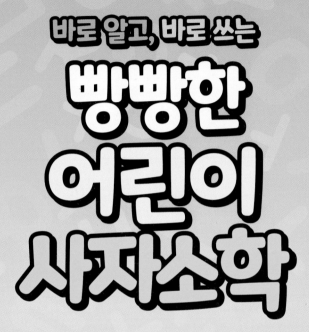

U&B
유앤북

머리말

올바른 생각과 지혜로운 행동을 기르는
『빵빵한 어린이 사자소학』

어린 시절에 자극적이고 단 음식을 많이 먹고 자라면 신체 건강이 나빠져 성인병의 원인이 된다고 합니다. 그와 마찬가지로 어린이들이 흥미 위주의 자극적인 책이나 영상물에 노출되다 보면, 커서도 다양하고 깊이 있는 생각을 잘 못하는 사고력 저하에 빠지거나 상황에 맞는 바른 행동을 하는 데에도 어려움을 겪게 됩니다. 성장기의 읽을거리는 사람의 성장에 큰 영향을 미치기 때문입니다.

그러므로 어린 시절에 읽는 좋은 책은 올바른 생각과 지혜로운 행동을 길러 주는 명약과도 같다고 할 수 있습니다. 특히 현대 모바일 문화 시대의 어린이들은 자극적인 영상 매체에 무방비하게 노출된 환경에서 자라고 있어서, 자칫 왜곡된 사고와 그릇된 행동이 습관화될 가능성이 큽니다. 따라서 이럴 때일수록 부모님들은 소중한 자녀들이 좋은 책을 가까이할 수 있도록 늘 도와주고 이끌어 주어야 할 것입니다.

이 『빵빵한 어린이 사자소학』은 어린이들이 올바른 생각과 지혜로운 행동을 기르는 데 도움을 주기 위하여 정성을 다해 만든 책입니다. 흔히 『사자소학』이라 하면 조선 시대의 유교적인 책으로만 여기기 쉽지만, 그 내용은 대부분 오늘날에도 누구에게나 필요한 가치 있는 교훈을 담고 있는 훌륭한 고전입니다. 이 책은 『사자소학』의 내용 중에서 어린이들이 꼭 알아 두고 생활에서 실천할 수 있는 선현들의 가르침을 선정하여 다음과 같이 7개의 주제별로 나누어 재편성하였습니다.

바로 알고, 바로 쓰는
**빵빵한
어린이
사자소학**

어린이들이 이 책을 늘 곁에 두고 읽으면서 올바른 생각과 지혜로운 행동을 기르며,
가정과 학교, 사회생활 속에서 실천해 나갈 수 있기를 바랍니다.

감사합니다.

현 상 길

『사자소학(四子小學)』은 어떤 책일까요?

조선시대 필사본 『사자소학(四字小學)』

『사자소학(四字小學)』은 중국 송나라의 유학자인 주희(朱熹, 1130-1200)가 지은 「소학(小學)」과 그 외의 경전들에서 아동에게 교훈이 될 만한 구절을 뽑아 4글자의 구(句)로 구성한 책입니다.

이 책은 조선 시대 서당에서 「천자문(千字文)」을 습득한 학동들이 배우는 초급 단계의 한문 입문서로 쓰였습니다. 주희의 「소학」은 어린 학동들이 배우기에 어려웠으므로 '삼강오륜' 등 유교의 도덕규범에 대한 핵심적인 내용을 사자성어 형식으로 쉽게 배울 수 있도록 편찬되었습니다.

이 책은 쓴 사람들이 여럿이어서 책의 종류가 많다 보니, 책에 따라서는 글자가 다르거나 몇 개의 문장이 빠진 것도 있습니다. 하지만 책의 내용은 '충효, 인, 의, 예, 지, 신'에 관한 것으로 공통됩니다. 이 책은 인간성이 형성되는 시기의 학동들에게 교훈을 주고 유교의 예의범절을 가르치기 위한 교육용이었으므로 '충효 사상'에 대한 엄격한 규범을 강조한 부분도 있습니다.

■ 이 책의 좋은 점

『사자소학』은 보편적인 인간의 도리와 삶의 기본 태도를 가르치기 위해 편찬된 책으로서 인격이 형성되는 시기의 어린이와 청소년들에게 유익한 내용을 담고 있는 좋은 고전 중의 하나라고 할 수 있습니다.

따라서 『빵빵한 어린이 사자소학』은 현대의 부모님들에게도 자녀의 인성 교육에 든든한 길잡이가 될 뿐만 아니라, 아이들도 생활의 기본적 도리를 스스로 깨닫고 실생활에 실천할 수 있도록 도와줄 것입니다.

또한 한문 공부를 시작할 때 「천자문(千字文)」에서 한 글자씩 음과 훈을 익히고 난 다음엔 이 책을 통해 한자 단어와 성어를 익힐 수 있으며, 우리말의 어휘력 증진과 사고력 향상에도 많은 도움을 주는 좋은 책입니다.

차례

빵빵한 어린이 사자소학

차례

I

부모님을 공경하며

001 부생아신 모육오신
父生我身 母鞠吾身

▶ 한자로 된 문장을 읽으면서 그 뜻과 속에 담긴 가르침을 잘 알아두고 실천합시다.

원문	父	生	我	身	母	鞠	吾	身
음	부	생	아	신	모	국	오	신
뜻	아버지	낳다	나	몸	어머니	기르다	나	몸
풀이	아버지는 내 몸을 낳으시고, 어머니는 내 몸을 기르십니다.							

해설 이 말은 아버지와 어머니의 역할을 구분해야 한다는 것이 아니라, 아들딸을 낳으시고 기르시는 분은 부모님이므로 그 소중함을 알라는 뜻입니다. 부모님은 언제 어디서나 세상의 그 무엇보다도 사랑하는 자녀들을 위해서 힘써 일하고 계신답니다.

이의온아 이식포아
以衣溫我 以食飽我

▶ 한자로 된 문장을 읽으면서 그 뜻과 속에 담긴 가르침을 잘 알아두고 실천합시다.

원문	以	衣	溫	我	以	食	飽	我
음	이	의	온	아	이	식	포	아
뜻	(으)로써	옷	따뜻하다	나	(으)로써	먹다	배부르다	나
풀이	(부모님은) 옷을 입혀 나를 따뜻하게 해 주시고, 음식을 먹여 나를 배부르게 하십니다.

해설　부모님은 사시사철 때에 맞춰 자녀들에게 옷을 입혀 주시고, 매일매일 자녀들이 건강하게 자랄 수 있도록 영양가 있는 좋은 음식을 마련해 주십니다. 어쩌다가 옷이나 음식이 자기 마음에 안 든다고 해서 부모님께 마구 투정을 부려서는 안 된답니다.

은고여천 덕후사지

恩高如天 德厚似地

▶ 한자로 된 문장을 읽으면서 그 뜻과 속에 담긴 가르침을 잘 알아두고 실천합시다.

원문	恩	高	如	天	德	厚	似	地
음	은	고	여	천	덕	후	사	지
뜻	은혜	높다	같다	하늘	덕	두텁나	같다	땅
풀이	(부모님의) 은혜는 하늘과 같이 높고, 덕은 땅과 같이 두텁습니다.							

해설 '은덕(恩德)'은 부모님이 평생 자녀들에게 베풀어 주시는 은혜로운 덕을 가리키는 말입니다. 그 은덕은 하늘처럼 높고 땅처럼 두터움을 잊지 말라는 가르침이지요. 부모님께 가끔 이렇게 말씀드려 보면 좋겠지요? "아빠, 엄마! 하늘만큼 땅만큼 사랑해요!"

004

위인자자 갈불위효
爲人子者 曷不爲孝

까악

밖에 까마귀다! 까마귀는 엄청 똑똑한 새잖아.

하나도 안 그래 보이는데?

까마귀가 얼마나 똑똑하냐면 까마귀는 새끼 때 어미가 물어다 주는 먹이를 먹고 자라는걸 기억하고

어른이 되서는 늙은 자기 어미에게 먹이를 물어다 준대.

그래서 '반포지효'라는 말이 나왔어.

反哺之孝
돌이킬 반 먹일 포 갈 지 효도 효

앗, 선생님!

'나이 들어 부모님께 은혜를 갚는다.'라는 뜻이야.

까마귀도 그런데 사람이 부모님께 효도하는 건 당연하겠지?

네!

▶ 한자로 된 문장을 읽으면서 그 뜻과 속에 담긴 가르침을 잘 알아두고 실천합시다.

원문	爲	人	子	者	曷	不	爲	孝
음	위	인	자	자	갈	불	위	효
뜻	되다	사람	자식	사람	어찌	아니다	하다	효도
풀이	사람의 자식으로서 어찌 효도하지 않겠습니까?							

해설 까마귀뿐이 아니라 모든 짐승은 새끼가 다 클 때까지 자나 깨나 먹이를 물어다 먹이고 보호하며 지키려고 온갖 정성을 다합니다. 사람도 마찬가지지요. 그러니 사람의 자식으로서 어른이 되어 자신을 키워 준 부모님을 보살펴 드리는 일은 마땅한 도리랍니다.

005

욕보심은 호천망극
欲 報 深 恩 昊 天 罔 極

▶ 한자로 된 문장을 읽으면서 그 뜻과 속에 담긴 가르침을 잘 알아두고 실천합시다.

원문	欲	報	深	恩	昊	天	罔	極
음	욕	보	심	은	호	천	망	극
뜻	하고자 하다	갚다	깊다	은혜	하늘	하늘	없다	다하다
풀이	깊은 은혜를 갚고자 하니, 하늘처럼 다함이 없습니다.

해설 가끔 부모와 자식 간에 재산 문제로 다툼이 일어났다는 이야기를 들을 때가 있습니다. 참 안타까운 일입니다. 부모님이 베풀어 주신 은혜는 아무리 큰돈이나 재물로도 다 갚을 수 없지요. 그러므로 자식은 감사의 마음과 온 정성을 다해 부모님을 모셔야 한답니다.

006

부모호아 유이추진
父母呼我 唯而趨進

▶ 한자로 된 문장을 읽으면서 그 뜻과 속에 담긴 가르침을 잘 알아두고 실천합시다.

원문	父	母	呼	我	唯	而	趨	進
음	부	모	호	아	유	이	추	진
뜻	아버지	어머니	부르다	나	빨리 대답하다	그리고	달리다	나아가다
풀이	부모님이 나를 부르시면 빨리 대답하고 달려가야 합니다.							

해설 자녀들은 배고플 때 밥 달라고, 뭘 사 먹고 싶으면 용돈 달라고 부모님을 부릅니다. 그런데 부모님이 필요하여 찾으시면 자녀들은 귀찮아하거나 심부름도 잘 안 하려고 하지요. 부모님이 부르실 때는 얼른 대답하며 달려가면 두 분은 참 기뻐하신답니다.

007

부모유명 부수경청
父母有命 俯首敬聽

▶ 한자로 된 문장을 읽으면서 그 뜻과 속에 담긴 가르침을 잘 알아두고 실천합시다.

원문	父	母	有	命	俯	首	敬	聽
음	부	모	유	명	부	수	경	청
뜻	아버지	어머니	있다	명하다	숙이다	머리	공경하다	듣다
풀이	부모님이 명하시는 일이 있으면 머리 숙여 공경하는 태도로 들어야 합니다.							

해설 부모님이 자녀들을 찾거나 부르실 때는 무슨 일이 있기 때문입니다. 그럴 때는 아무리 바빠도 부모님께 나아가 공손한 태도로 잘 듣고 자신이 할 일을 하는 것이 자녀의 도리이지요. 특별한 사정이 있을 때는 잘 말씀드리면 부모님은 다 이해해 주신답니다.

008

부모출입 매필기립
父 母 出 入 每 必 起 立

▶ 한자로 된 문장을 읽으면서 그 뜻과 속에 담긴 가르침을 잘 알아두고 실천합시다.

원문	父	母	出	入	每	必	起	立
음	부	모	출	입	매	필	기	립
뜻	아버지	어머니	나가다	들어오다	늘	반드시	일어나다	서다
풀이	부모님이 나가고 들어오실 때는 늘 반드시 자리에서 일어나야 합니다.							

해설 부모님은 물론 웃어른이 출입하실 때는 일을 하다가도 꼭 일어서서 인사하는 것이 기본적인 예의입니다. 어릴 적부터 이런 좋은 습관을 익혀 두면 학교든 직장이든 사회생활을 할 때 잘 실천할 수 있으며, 주위로부터 칭찬도 받고 신뢰감도 얻게 된답니다.

009 부모의복 물유물천
父母衣服 勿踰勿踐

▶ 한자로 된 문장을 읽으면서 그 뜻과 속에 담긴 가르침을 잘 알아두고 실천합시다.

원문	父	母	衣	服	勿	蹂	勿	踐
음	부	모	의	복	물	유	물	천
뜻	아버지	어머니	옷	옷	말다	넘다	말나	밟다
풀이	부모님의 의복을 함부로 넘어 다니거나 밟지 말아야 합니다.								

해설 부모님은 자녀의 배냇저고리나 어릴 때 갖고 놀던 장난감, 사진 등을 소중히 보관하시며 아끼십니다. 자식을 너무나 사랑하시기 때문이지요. 마찬가지로 자녀들도 부모님의 옷이나 물건 등을 부모님 대하듯 소중하게 여기고 잘 간수해야 한답니다.

010

부모유질 우이모료
父母有疾 憂而謀瘳

▶ 한자로 된 문장을 읽으면서 그 뜻과 속에 담긴 가르침을 잘 알아두고 실천합시다.

원문	父	母	有	疾	憂	而	謀	瘳
음	부	모	유	질	우	이	모	료
뜻	아버지	어머니	있다	병	근심	그리고	꾀하다	낫다
풀이	부모님이 아프시면 걱정해 드리고, 병이 낫도록 해드려야 합니다.							

해설 자녀들이 조금이라도 아프면 부모님은 안절부절못하시며 병원으로 달려가십니다. 그런데 막상 자신이 어디 아프다는 말은 안 하실 때가 많지요. 부모님이 조금이라도 아프시면 최선을 다해 보살펴 드리고 나을 수 있도록 해드리는 것이 자식의 도리랍니다.

출필고지 반필면지

出必告之 反必面之

▶ 한자로 된 문장을 읽으면서 그 뜻과 속에 담긴 가르침을 잘 알아두고 실천합시다.

원문	出	必	告	之	反	必	面	之
음	출	필	고	지	반	필	면	지
뜻	나가다	반드시	알리다	이것	돌아오다	반드시	보이다	이것
풀이	외출할 때는 반드시 부모님께 알리고, 돌아오면 반드시 얼굴을 보여드려야 합니다.							

해설 부모님은 언제 어디서나 자녀들이 안전하기를 바라십니다. 만약 자녀들이 어디 간 줄 모르거나 연락이 안 되면 집에 돌아올 때까지 너무 불안해하시지요. 그러니 나갈 때나 들어올 때는 꼭 부모님을 뵙고 말씀 드리거나, 전화로 연락을 해드려야 한답니다.

신물원유 유필유방

愼勿遠遊　遊必有方

> ▶ 한자로 된 문장을 읽으면서 그 뜻과 속에 담긴 가르침을 잘 알아두고 실천합시다.

원문	愼	勿	遠	遊	遊	必	有	方
음	신	물	원	유	유	필	유	방
뜻	부디	말다	멀다	놀다	놀다	반드시	있다	장소
풀이	부디 먼 곳에 가서 놀지 말고, 놀더라도 반드시 정해진 장소에 있어야 합니다.							

> **해설** 집에서 멀리 떨어진 곳에 가는 건 위험한 일입니다. 그리고 정해진 데에서 말없이 벗어나 버리면 부모님이 걱정하며 찾게 되지요. 놀러 갈 때는 먼 곳이나 모르는 곳에 가지 말고 무슨 일이 있으면 어디에 누구와 같이 있는지 꼭 부모님께 알려드려야 한답니다.

013

출입문호 개폐필공
出 入 門 戶　 開 閉 必 恭

앗, 깜짝이야!
출입문은
살살 닫아야지.

깜짝

쾅

네,
잘못했어요.

안녕하세요.

마리 왔니?

살살

김 선생님
반 아이들 참 태도가
바르네요.

뭘요.
당연한 거죠.

여기 숙제한 거
가져왔어요.

▶ 한자로 된 문장을 읽으면서 그 뜻과 속에 담긴 가르침을 잘 알아두고 실천합시다.

원문	出	入	門	戶	開	閉	必	恭
음	출	입	문	호	개	폐	필	공
뜻	나가다	들어오다	문	출입문	열다	닫다	반드시	공손하다
풀이	출입문을 드나들 때는 문을 열거나 닫는 것을 반드시 공손한 태도로 합니다.							

해설 집안에서는 아무렇게나 행동해도 된다고 생각하기 쉽습니다. 하지만 부모님과 가족이 함께 지내는 곳이므로 문을 열거나 닫을 때는 조심스럽고 공손하게 하는 것이 바른 태도이지요. 이것은 학교나 식당 등 공공장소에서도 꼭 지켜야 할 기본 예의랍니다.

014 행물만보 좌물의신

行 勿 慢 步 坐 勿 倚 身

바로 알고, 바로 쓰는 빵빵한 어린이 사자소학

▶ 한자로 된 문장을 읽으면서 그 뜻과 속에 담긴 가르침을 잘 알아두고 실천합시다.

원문	行	勿	慢	步	坐	勿	倚	身
음	행	물	만	보	좌	물	의	신
뜻	다니다	말다	거만하다	걸음설이	앉을	말다	기대다	몸
풀이	걸어 다닐 때는 거만하게 걷지 말고, 앉을 때는 몸을 기대지 말아야 합니다.							

해설 걸어 다닐 때 바른 자세로 걷는 것은 중요하지만, 남에게 거만한 태도를 보이면 안 됩니다. 또 어디에 앉을 때 흐트러진 자세로 삐딱하게 기대어 앉는 것은 건강에 안 좋고 예의에도 어긋나지요. 물론 몸의 상태에 따라 그런 자세를 취해야 할 때도 있답니다.

015 수물방소 역물고성
須勿放笑 亦勿高聲

▶ 한자로 된 문장을 읽으면서 그 뜻과 속에 담긴 가르침을 잘 알아두고 실천합시다.

원문	須	勿	放	笑	亦	勿	高	聲
음	수	물	방	소	역	물	고	성
뜻	모름지기	말다	크다	웃음	또한	말다	높다	소리
풀이	모름지기 큰 소리로 웃지 말고, 또한 높은 소리로 말하지 말아야 합니다.							

해설 부모님이나 어른이 계시는 공간에서 크게 웃거나 말소리를 마구 높이는 것은 예의에 어긋납니다. 하는 일에 방해가 되기도 하고 주위 사람들을 공연히 불편하게 하기 때문이지요. 물론 같이 웃을 일이 있거나 여럿이 함께 응원하는 등의 경우는 예외랍니다.

시좌부모 물노책인
侍坐父母 勿怒責人

▶ 한자로 된 문장을 읽으면서 그 뜻과 속에 담긴 가르침을 잘 알아두고 실천합시다.

원문	侍	坐	父	母	勿	怒	責	人
음	시	좌	부	모	물	노	책	인
뜻	모시다	앉다	아버지	어머니	말다	성내다	꾸짖다	사람
풀이	부모님을 모시고 앉아 있을 때는 성내어 다른 사람을 꾸짖지 말아야 합니다.							

해설 집안에서나 밖에서나 부모님과 같이 있을 때 다른 사람을 꾸짖거나 화내면 부모님을 곤란하게 만듭니다. 상대방은 부모 힘을 믿고 그렇게 한다고 생각하기 때문이지요. 그리고 함부로 남에게 화내거나 꾸짖는 것은 교만한 행동이므로 언제나 삼가야 한답니다.

017

시좌친전 물거물와
侍坐親前 勿踞勿臥

▶ 한자로 된 문장을 읽으면서 그 뜻과 속에 담긴 가르침을 잘 알아두고 실천합시다.

원문	侍	坐	親	前	勿	踞	勿	臥
음	시	좌	친	전	물	거	물	와
뜻	모시다	앉다	어버이	앞	말다	걸터앉다	말다	눕다
풀이	부모님을 앞에 모시고 앉아 있을 때는 걸터앉지 말고 눕지 말아야 합니다.							

해설 집에 있으면 편하니까 부모님이 계시든 말든 아무렇게나 행동합니다. 하지만 부모님 앞에 드러눕거나 아무 데나 걸터앉는 행동은 삼가야 하지요. 그런 습관이 몸에 배면 다른 곳에서도 그런 행동을 하기 쉬우며, 예의가 바르지 않다는 소릴 듣는답니다.

018

약득미미 귀헌부모
若 得 美 味 歸 獻 父 母

▶ 한자로 된 문장을 읽으면서 그 뜻과 속에 담긴 가르침을 잘 알아두고 실천합시다.

원문	若	得	美	味	歸	獻	父	母
음	약	득	미	미	귀	헌	부	모
뜻	만약	얻다	맛나다	맛	돌아가다	드리다	아버지	어머니
풀이	만약 맛있는 음식을 얻으면 집으로 돌아가 부모님께 드립니다.							

해설 부모님은 항상 자녀들에게 맛있고 영양가 있는 음식을 만들어 주시고 사 주십니다. 아들딸이 건강하고 튼튼하게 자라길 바라시기 때문이지요. 그러니 혹시 맛있는 음식을 얻게 되면 부모님께 먼저 가져다드려야 한답니다. 그러면 얼마나 기뻐하실까요?

신체발부 물훼물상
身體髮膚 勿毀勿傷

▶ 한자로 된 문장을 읽으면서 그 뜻과 속에 담긴 가르침을 잘 알아두고 실천합시다.

원문	身	體	髮	膚	勿	毁	勿	傷
음	신	체	발	부	물	훼	물	상
뜻	몸	몸	머리털	살갗	말다	훼손하다	말다	나치나
풀이	신체와 머리털과 살갗을 훼손하지 말며 다치지 않도록 해야 합니다.							

해설 옛날엔 부모님이 물려 주신 머리털을 소중히 여겨 남자들도 머리를 기르고 상투를 틀어 올렸습니다. 시대가 변하여 지금은 그렇게까지는 안 하지만, 늘 자기 몸을 소중히 해야 합니다. 자녀가 아프거나 다치는 것이 부모님에게는 가장 가슴 아픈 일입니다.

020

의복대화 물실물렬
衣服帶靴 勿失勿裂

▶ 한자로 된 문장을 읽으면서 그 뜻과 속에 담긴 가르침을 잘 알아두고 실천합시다.

원문	衣	服	帶	靴	勿	失	勿	裂
음	의	복	대	화	물	실	물	렬
뜻	옷	옷	띠	신	말다	잃다	말다	찢다
풀이	의복과 허리띠와 신발은 잃어버리지 말고 찢지 말아야 합니다.							

해설 부모님이 마련해 주신 옷이나 신발 등은 잘 관리해서 훼손되거나 잃어버리지 않아야 합니다. 언제나 단정하고 검소한 차림새를 갖추도록 노력해야 하지요. 사치스럽거나 너무 요란한 차림새는 남의 눈살을 찌푸리게 하며 믿음성을 주지 못한답니다.

021

부모애지 희이물망
父母愛之 喜而勿忘

▶ 한자로 된 문장을 읽으면서 그 뜻과 속에 담긴 가르침을 잘 알아두고 실천합시다.

원문	父	母	愛	之	喜	而	勿	忘
음	부	모	애	지	희	이	물	말
뜻	아버지	어머니	사랑하다	어조사	기쁘다	그리고	말다	잊다
풀이	부모님께서 사랑해 주시면 기뻐하고 잊지 말아야 합니다.							

해설 부모님의 자녀 사랑은 끝이 없습니다. 가끔은 꾸짖기도 하지만 그것은 자라나는 자녀들에게는 보약과도 같지요. 부모님과 함께하며 기쁘고 즐거웠던 추억들을 사진이나 영상으로 남겨 소중히 간직하고 늘 기억 해 드리면 부모님은 정말 행복해하신답니다.

부모책지 반성물원
父母責之 反省勿怨

▶ 한자로 된 문장을 읽으면서 그 뜻과 속에 담긴 가르침을 잘 알아두고 실천합시다.

원문	父	母	責	之	反	省	勿	怨
음	부	모	책	지	반	성	물	원
뜻	아버지	어머니	꾸짖다	어조사	되돌리다	살피다	말다	원망하다
풀이	부모님이 꾸짖으시면 반성하고 원망하지 말아야 합니다.							

해설 부모님으로부터 꾸중을 들으면 처음엔 화가 나고 속상하기도 합니다. 하지만 자기 행동을 되돌아보면서 반성해 보면, 분명히 자기가 잘못한 일이 있게 마련이지요. 원망하지 말고 잘못한 일을 먼저 부모님께 말씀드리면 반드시 용서해 주신답니다.

023

물등고수 부모우지
勿 登 高 樹　父 母 憂 之

▶ 한자로 된 문장을 읽으면서 그 뜻과 속에 담긴 가르침을 잘 알아두고 실천합시다.

원문	勿	登	高	樹	父	母	憂	之
음	물	등	고	수	부	모	우	지
뜻	말다	오르다	높다	나무	아버지	어머니	근심하다	어조사
풀이	높은 나무에 올라가지 말아야 합니다. 부모님이 근심하시기 때문입니다.							

해설 옛날엔 마을마다 큰 나무들이 많아서 아이들이 올라가서 놀다가 다치기도 했습니다. 그래서 어른들은 위험하니까 높은 나무엔 올라가지 말라고 늘 타이르곤 했지요. 어디든 위험한 곳에는 가지 말고 위험한 놀이는 하지 않아야 부모님이 걱정하지 않으신답니다.

물영심연 부모념지
勿泳深淵 父母念之

▶ 한자로 된 문장을 읽으면서 그 뜻과 속에 담긴 가르침을 잘 알아두고 실천합시다.

원문	勿	泳	深	淵	父	母	念	之
음	물	영	심	연	부	모	념	지
뜻	말다	헤엄치다	깊다	연못	아버지	어머니	생각하다	어조사
풀이	깊은 연못에서 헤엄치지 말아야 합니다. 부모님이 염려하시기 때문입니다.							

해설 요즘과 같은 수영장이 없던 옛날에는 아이들이 마을 근처 연못이나 개울에서 헤엄치며 놀곤 했습니다. 간혹 깊은 데서 놀다가 사고를 당하는 일도 있어서 어른들은 늘 깊은 데는 가지 말라고 당부했지요. 예나 이제나 부모님은 자녀가 안전하기만을 바라신답니다.

025

물여인투 부모불안
勿 與 人 鬪 父 母 不 安

▶ 한자로 된 문장을 읽으면서 그 뜻과 속에 담긴 가르침을 잘 알아두고 실천합시다.

원문	勿	與	人	鬪	父	母	不	安
음	물	여	인	투	부	모	불	안
뜻	말다	더불다	사람	싸우다	아버지	어머니	아니다	편안하다
풀이	남과 더불어 싸우지 말아야 합니다. 부모님이 불안해하시기 때문입니다.							

해설 어떤 이유로도 남과 싸워서는 절대 안 됩니다. 부모님이 불안해하시는 것은 물론 싸우다가 다치거나 서로 큰 상처를 입을 수도 있기 때문이지요. 혹시 다툴 일이 생기면 마음을 가라앉히고 대화를 통해 서로 이해하고 빨리 화해할 수 있도록 해야 한답니다.

026 일사부모 기죄여산
一欺父母 其罪如山

▶ 한자로 된 문장을 읽으면서 그 뜻과 속에 담긴 가르침을 잘 알아두고 실천합시다.

원문	一	欺	父	母	其	罪	如	山
음	일	사	부	모	기	죄	여	산
뜻	한	속이다	아버지	어머니	그	허물	같다	메
풀이	한 번이라도 부모님을 속이면 그 죄가 산과 같습니다.							

해설 부모님에게 거짓말하는 것은 산처럼 큰 죄를 짓는 것과 같이 나쁜 일입니다. 다른 사람에게도 거짓말하면 절대 안 되지요. 작은 거짓말을 쉽게 하다가 버릇이 들면 나중에는 큰 거짓말로 남에게 피해를 주게되며 부모님의 마음을 아프게 만든답니다.

027

실당유진 상필쇄소
室堂有塵 常必灑掃

▶ 한자로 된 문장을 읽으면서 그 뜻과 속에 담긴 가르침을 잘 알아두고 실천합시다.

원문	室	堂	有	塵	常	必	灑	掃
음	실	당	유	진	상	필	소	쇄
뜻	집	집	있다	티끌	항상	반드시	씻다	쓸다
풀이	집에 먼지가 있으면 항상 반드시 물을 뿌려 씻고 비로 쓸어서 청소해야 합니다.							

해설 옛날 집엔 마당과 마루가 있었으므로 언제나 비로 쓸고 물을 부려서 청소했습니다. 요즘은 다양한 청소기가 있어서 편리하게 청소할 수 있지요. 집안의 구석진 곳이나 창틀 등엔 먼지가 잘 쌓이므로 자기 스스로 깨끗하게 청소할 줄 알아야 한답니다.

028

사필품행 무감자전
事必稟行 無敢自專

▶ 한자로 된 문장을 읽으면서 그 뜻과 속에 담긴 가르침을 잘 알아두고 실천합시다.

원문	事	必	稟	行	無	敢	自	專
음	사	필	품	행	무	감	자	전
뜻	일	반드시	여쭈다	행하다	하지 않다	감히	스스로	제멋대로
풀이	일은 반드시 여쭈어서 행하고, 감히 자기 멋대로 하지 않아야 합니다.							

해설 무슨 일을 할 때 혼자 결정해도 괜찮을 것 같지만, 막상 해보면 어려운 경우가 생깁니다. 어릴 때는 경험과 판단력이 부족하기 때문이지요. 그러므로 어떤 일을 하든지 자기 마음대로 결정하기보다 부모님께 먼저 여쭤본 다음에 하는 것이 올바른 태도랍니다.

029

아신능현 예급부모
我身能賢 譽及父母

▶ 한자로 된 문장을 읽으면서 그 뜻과 속에 담긴 가르침을 잘 알아두고 실천합시다.

원문	我	身	能	賢	譽	及	父	母
음	아	신	능	현	예	급	부	모
뜻	나	몸	할 수 있다	착하다	명예	이르다	아버지	어머니
풀이	내가 착하고 어진 행동을 하게 되면, 그 명예가 부모님까지 이르게 됩니다.								

해설 자녀들이 어질게 행동하고 착한 일을 하여 사람들로부터 칭찬받거나 학교에서 상을 받으면 부모님이 가장 기뻐하십니다. 그리고 그 덕에 부모님도 명예를 얻게 되지요. 물론 그런 일은 억지로 되는 것이 아니라, 평소 좋은 습관을 길러야 실천할 수 있답니다.

아신불현 욕급부모
我身不賢 辱及父母

▶ 한자로 된 문장을 읽으면서 그 뜻과 속에 담긴 가르침을 잘 알아두고 실천합시다.

원문	我	身	不	賢	辱	及	父	母
음	아	신	불	현	욕	급	부	모
뜻	나	몸	못하나	착하다	부끄럽다	이르다	아버지	어머니
풀이	내가 착하고 어진 행동을 못 하면, 그 부끄러움이 부모님까지 이르게 됩니다.							

해설 자녀들이 밖에서 바르지 못한 행동을 하여 남에게 피해를 주게 되면 그 책임은 부모님에게 돌아옵니다. 잘못 없는 부모님이 사과해야 하고 금전적 손해 배상도 해야 하지요. 그러므로 늘 말과 행동을 바르게 하여 부모님께 걱정 끼쳐드리지 않아야 한답니다.

II

형제자매와 사이좋게

031

형제자매 동기이생
兄弟姉妹 同氣而生

▶ 한자로 된 문장을 읽으면서 그 뜻과 속에 담긴 가르침을 잘 알아두고 실천합시다.

원문	兄	弟	姉	妹	同	氣	而	生
음	형	제	자	매	동	기	이	생
뜻	형	아우	언니	여동생	한가지	기운	말 이을	낳다
풀이	형제와 자매는 한 (부모의) 기운을 받고 태어났습니다.							

해설 형제자매는 같은 부모의 몸에서 태어났으므로 혈육 관계라고 합니다. 어려서부터 궂은일이나 좋은 일을 함께 겪으며 자라기 때문에 남다른 정을 갖게 되고 우애가 그만큼 깊은 것이지요. 그래서 동기간끼리는 기쁨도 슬픔도 늘 함께 나누며 사는 것이랍니다.

032

형우제공 불감원노
兄友弟恭 不敢怨怒

▶ 한자로 된 문장을 읽으면서 그 뜻과 속에 담긴 가르침을 잘 알아두고 실천합시다.

원문	兄	友	弟	恭	不	敢	怨	怒
음	형	우	제	공	불	감	원	노
뜻	형	우애 있다	아우	공손하다	아니다	함부로	성내다	원망하다
풀이	형은 아우를 사랑하고 아우는 형에게 공손하여 함부로 원망하거나 성내지 않아야 합니다.							

해설 형(언니)은 늘 동생을 아끼며 사랑해 주고, 동생은 형(언니)한테 함부로 화내거나 맘에 안 든다고 원망해 서는 안 됩니다. 형제자매가 화목하면 가정은 저절로 행복해지지요. 이렇게 자란 형제자매는 학교나 사 회에서 신뢰를 얻고 좋은 인간관계를 가진답니다.

033

골육수분 본생일기
骨肉雖分 本生一氣

바로 알고, 바로 쓰는 빵빵한 어린이 사자소학

▶ 한자로 된 문장을 읽으면서 그 뜻과 속에 담긴 가르침을 잘 알아두고 실천합시다.

원문	骨	肉	雖	分	本	生	一	氣
음	골	육	수	분	본	생	일	기
뜻	뼈	살	비록	나누다	근본	나다	한	기운
풀이	뼈와 살은 비록 나누어졌으나 본래 한 기운에서 태어났습니다.							

해설 형제자매들끼리는 잘 몰라도 남들이 보면 똑같이 닮았다고 말합니다. 생김새는 조금씩 달라도 같은 부모에게서 태어났기 때문에 성격이나 행동이 닮은 점이 많은 것이지요. 그러므로 형제자매끼리는 '핏줄이 당긴다.'라는 말을 쓰는 것이랍니다.

034 형체수이 소수일혈

形 體 雖 異　素 受 一 血

▶ 한자로 된 문장을 읽으면서 그 뜻과 속에 담긴 가르침을 잘 알아두고 실천합시다.

원문	形	體	雖	異	素	受	一	血
음	형	체	수	이	소	수	일	혈
뜻	얼굴	몸	비록	다르다	본디	받다	한	피
풀이	(형제자매는) 얼굴과 몸은 비록 다르지만 본디 한 핏줄을 받았습니다.							

해설 어떤 형제자매는 얼굴형이나 키가 전혀 다르기도 합니다. 그래서 친형제가 맞나 하고 오해하기도 하지요. 하지만 혈액형 검사를 해보면 바로 증명됩니다. 그래서 '핏줄은 못 속인다.'라는 말이 있고, 잃어버린 가족을 찾을 때도 먼저 혈액형을 확인해 본답니다.

형제이이 행즉안행
兄 弟 怡 怡　行 則 雁 行

▶ 한자로 된 문장을 읽으면서 그 뜻과 속에 담긴 가르침을 잘 알아두고 실천합시다.

원문	兄	弟	怡	怡	行	則	雁	行
음	형	제	이	이	행	즉	안	행
뜻	형	아우	즐거워하다	즐거워하다	가다	~할 때는	기러기	가다
풀이	형제가 서로 즐거워하며 길을 갈 때는 기러기들처럼 나란히 갑니다.							

해설 형제자매는 자라면서 사소한 일로 다투기도 잘합니다. 그러다가도 돌아서면 언제 그랬냐는 듯 금방 잊고 사이좋게 웃으며 지냅니다. 마치 하늘의 기러기들이 나란히 사이좋게 나는 모습과도 같지요. 그래서 동 기간의 싸움을 '칼로 물 베기'라고도 한답니다.

침즉연금 식즉동상
寢則連衾 食則同床

▶ 한자로 된 문장을 읽으면서 그 뜻과 속에 담긴 가르침을 잘 알아두고 실천합시다.

원문	寢	則	連	衾	食	則	同	床
음	침	즉	연	금	식	즉	동	상
뜻	자다	-할 때는	이어지다	이불	먹다	-할 때는	같다	상
풀이	(형제자매는) 잠잘 때는 이불을 나란히 덮고 밥 먹을 때는 같은 상을 씁니다.							

해설 자녀들이 나란히 이불을 덮고 잠자는 모습을 볼 때면 부모님은 참 행복해하십니다. 같이 밥상에 앉아 맛있게 밥 먹을 때도 마찬가지이지요. 부모님은 형제자매들이 언제나 건강하고 서로 화목하고 지내기를 자나 깨나 바라고 계신답니다.

분무구다 유무상통
分 毋 求 多　有 無 相 通

할아버지네 밭 진짜 커요!

오이와 가지가 진짜 크다!

이거 다 할아버지께서 직접 농사지으신 거야.

누가 더 큰 거 따는지 시합할래?

좋아!

우다다다

예들아 좀 천천히 해

근데, 여기 집이랑 밭이랑 다 할아버지 거예요?

이것들은 나중에 아빠한테 물려줄 거고, 또 나중엔 너희들도 물려받을 거다.

쓰윽

▶ 한자로 된 문장을 읽으면서 그 뜻과 속에 담긴 가르침을 잘 알아두고 실천합시다.

원문	分	毋	求	多	有	無	相	通
음	분	무	구	다	유	무	상	통
뜻	나누다	말다	구하다	많다	있다	없다	서로	알다
풀이	나눌 때는 많이 가지려 하지 말며, 있고 없는 것을 서로 알아야 합니다.

해설 부모님이 주시는 것을 물려받을 때는 공평하게 나누어 가져야 합니다. 만일 서로 더 많이 가지려고 욕심부리면 형제끼리 다투게 되고 불행해지지요. 있고 없음을 서로 알아서 어려우면 돕고 풍족하면 함께 나누면 모두 행복하게 살 수 있답니다.

038

일립지식 필분이식
一 粒 之 食 必 分 而 食

▶ 한자로 된 문장을 읽으면서 그 뜻과 속에 담긴 가르침을 잘 알아두고 실천합시다.

원문	一	粒	之	食	必	分	而	食
음	일	립	지	식	필	분	이	식
뜻	한	낟알	어조사	음식	반드시	나누다	말 이을	먹다
풀이	(형제자매 간에는) 한 개의 낟알처럼 적은 음식이라도 반드시 나누어 먹어야 합니다.							

해설 | 자기가 좋아하는 음식이 있으면 조금이라도 더 먹으려는 욕심이 절로 생깁니다. 그래서 자녀들이 다투게 되면 부모님은 속상하시지요. 아무리 적은 음식이라도 서로 나누어 먹고 자기가 먼저 양보하게 되면 모든 가족이 즐겁고 행복한 가정이 이루어진답니다.

039

형수책아 막감항노
兄 雖 責 我 莫 敢 抗 怒

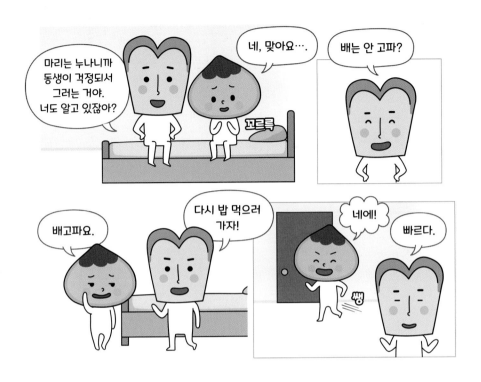

▶ 한자로 된 문장을 읽으면서 그 뜻과 속에 담긴 가르침을 잘 알아두고 실천합시다.

원문	兄	雖	責	我	莫	敢	抗	怒
음	형	수	책	아	막	감	항	노
뜻	형	비록	꾸짖다	나	말다	함부로	대들다	성내다
풀이	형이 비록 나를 꾸짖더라도 함부로 대들거나 성내지 말아야 합니다.							

해설 형이나 누나, 언니나 오빠는 나이가 많으므로 동생을 걱정하여 잔소리하고 때론 꾸짖기도 합니다. 기분이 좀 나쁘다고 해서 함부로 대들거나 화를 내면 우애가 상하게 되지요. 화내기보다 꾸짖는 이유를 알고 행동을 고치는 것이 자신에게 훨씬 유익하답니다.

040

제수유과 수물성책
弟 雖 有 過 須 勿 聲 責

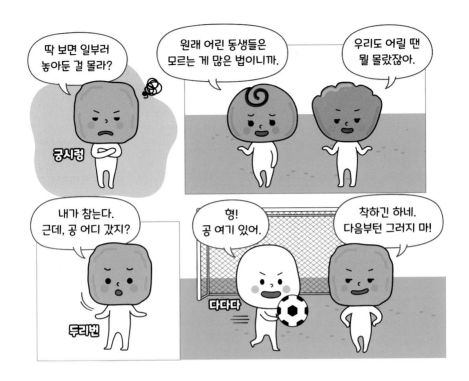

▶ 한자로 된 문장을 읽으면서 그 뜻과 속에 담긴 가르침을 잘 알아두고 실천합시다.

원문	弟	雖	有	過	須	勿	聲	責
음	제	수	유	과	수	물	성	책
뜻	아우	비록	있다	허물	모름지기	말다	소리치다	꾸짖다
풀이	아우가 비록 허물이 있더라도 모름지기 소리치며 꾸짖지 말아야 합니다.								

해설 나이 어린 동생은 모르는 게 많으므로 형이나 언니가 보기에 못마땅한 일을 하는 경우가 종종 있습니다. 그렇다고 해서 큰 소리로 화내거나 꾸짖으면 동생은 마음에 상처를 입게 되지요. 그럴 때는 부드러운 말로 잘 타일러야 우애가 돈독해진답니다.

041 형제유선 필예우외
兄 弟 有 善 必 譽 于 外

▶ 한자로 된 문장을 읽으면서 그 뜻과 속에 담긴 가르침을 잘 알아두고 실천합시다.

원문	兄	弟	有	善	必	譽	于	外
음	형	제	유	선	필	예	우	외
뜻	형	아우	있다	훌륭하다	반드시	칭찬하다	어조사	겉
풀이	형제가 훌륭한 일이 있으면 반드시 겉으로 드러내어 칭찬해 줍니다.

해설 형제끼리 서로 착한 일이나 좋은 일 한 것을 알면 겉으로 드러내어 칭찬해 주도록 합니다. 형제자매 간에 잘한 일을 칭찬해 주고 기쁨을 함께 나누면 가정은 더욱 화목해지지요. 화목하게 지내는 자녀들을 바라보며 부모님은 큰 행복감을 느끼신답니다.

042 형제유실 은이물양
兄弟有失 隱而勿揚

▶ 한자로 된 문장을 읽으면서 그 뜻과 속에 담긴 가르침을 잘 알아두고 실천합시다.

원문	兄	弟	有	失	隱	而	勿	揚
음	형	제	유	실	은	이	물	양
뜻	형	아우	있다	잘못하다	숨기다	그리고	말다	드러나다
풀이	형제가 잘못한 일이 있으면 숨겨 주고 드러내지 않아야 합니다.							

해설 생활하다 보면 어쩌다 실수도 하고 뜻하지 않게 작은 잘못도 하게 됩니다. 그럴 때마다 일러바치거나 지적하여 다투면 형제간이 매우 불편해지지요. 때로는 드러나지 않도록 감싸 주거나 이해해 주며 다시 그러지 않도록 도와주는 것이 형제간의 우애랍니다.

형제유난 민이사구
兄弟有難 悶而思救

▶ 한자로 된 문장을 읽으면서 그 뜻과 속에 담긴 가르침을 잘 알아두고 실천합시다.

원문	兄	弟	有	難	悶	而	思	救
음	형	제	유	난	민	이	사	구
뜻	형	아우	있다	어렵다	번민하다	그리고	생각하다	돕다
풀이	형제간에 어려운 일이 있으면 근심하고 걱정해 주며 도와줄 것을 생각합니다.							

해설 살다 보면 누구든지 생활이 힘들어지거나 병이 들거나 하여 어려운 일이 생기게 마련입니다. 형제자매한 테 그런 어려움이 생기면 서로 걱정해 주고 도와줄 방법을 생각해야 하지요. 그러기 위해선 평소에 형제 자매들 간에 좋은 관계를 잘 유지해야 한답니다.

044 형능여차 제역효지
兄 能 如 此 弟 亦 效 之

▶ 한자로 된 문장을 읽으면서 그 뜻과 속에 담긴 가르침을 잘 알아두고 실천합시다.

원문	兄	能	如	此	弟	亦	效	之
음	형	능	여	차	제	역	효	지
뜻	형	능력	같다	이	아우	또	본받다	이것
풀이	형이 이같이 좋은 능력을 보여주면 아우 또한 이 능력을 본받습니다.						

해설 형제자매는 한집에서 같이 자라면서 서로 좋은 영향을 주고받습니다. 형이나 언니의 재능과 좋은 기량을 보면서 동생은 그것을 본받고 따라 하게 되지요. 그래서 형제자매가 뛰어난 스포츠 선수나 예술가 등 전문인으로 함께 활동하는 경우가 많답니다.

045 아유환락 형제역락
我 有 歡 樂 兄 弟 亦 樂

▶ 한자로 된 문장을 읽으면서 그 뜻과 속에 담긴 가르침을 잘 알아두고 실천합시다.

원문	我	有	歡	樂	兄	弟	亦	樂
음	아	유	환	락	형	제	역	락
뜻	나	있다	기쁨	즐거움	형	아우	또	즐겁다
풀이	나에게 기쁘고 즐거운 일이 있으면 나의 형이나 아우 또한 즐겁습니다.							

해설 형제자매는 동고동락하는 사이로 힘든 일도 기쁜 일도 함께 겪으며 성장해 나갑니다. 그래서 형이나 아우가 기쁘고 즐거운 일이 생기면 마치 자기의 일처럼 기쁘고 즐거워지지요. 형제간에 기쁨을 나누면 두 배가 되고, 슬픔을 나누면 반으로 줄어든답니다.

아유우환 형제역우
我 有 憂 患 兄 弟 亦 憂

▶ 한자로 된 문장을 읽으면서 그 뜻과 속에 담긴 가르침을 잘 알아두고 실천합시다.

원문	我	有	憂	患	兄	弟	亦	憂
음	아	유	우	환	형	제	역	우
뜻	나	있다	걱정	근심	형	아우	또	걱정하다
풀이	나에게 걱정이나 근심이 있으면 나의 형이나 아우 또한 걱정합니다.								

해설 형제자매는 한 부모 밑에서 태어나 같이 자라므로 즐거움과 걱정도 함께하게 됩니다. 누가 몸이 아파서 괴로워하거나 힘든 일이 생겨 근심하면 자기 일처럼 걱정하게 되지요. 그러므로 걱정거리가 생기면 서로 말하고 해결할 수 있도록 도와주어야 한답니다.

047 수유타친 기약형제
雖 有 他 親 豈 若 兄 弟

얘들아, 안녕? 명절 끝나고 오랜만에 보네?

어, 마리야…. 안녕….

추욱

너희들 왜 그렇게 기분이 안 좋아 보여?

명절 연휴 끝나고 학교 오려니까 아침에 너무 일어나기 싫은 거 있지?

나는 명절에 내가 모은 로봇들을 사촌 동생들한테 뺏겼어!

뭐? 진짜? 그래도 동생들한테 좋은 일 했네.

내 동생도 못 건들게 했던 걸 명절에만 보는 사촌 동생들한테 줘버렸는데 뭐가 좋은 일이야.

이럴 줄 알았으면 내 동생이 가지고 놀고 싶다 할 때 많이 빌려줄걸

동생 생각은 끔찍이 하네.

▶ 한자로 된 문장을 읽으면서 그 뜻과 속에 담긴 가르침을 잘 알아두고 실천합시다.

원문	雖	有	他	親	豈	若	兄	弟
음	수	유	타	친	기	약	형	제
뜻	비록	있다	다르다	친척	어찌	같다	형	아우
풀이	비록 다른 친척이 있더라도 어찌 형제간과 같을 수 있겠습니까?							

해설 부모님의 형제자매가 여럿이면 친척이 많습니다. 그 친척들은 집안 행사 때나 가끔 보기만 할 뿐 친하게 지낼 시간이 별로 없지요. 그래서 평소에 늘 함께 지내는 형제간의 정만큼은 못합니다. 하지만 친척도 자주 만나다 보면 형제처럼 친해진답니다.

048 형제화목 부모희지

兄弟和睦 父母喜之

바로 알고, 바로 쓰는 빵빵한 어린이 사자소학

▶ 한자로 된 문장을 읽으면서 그 뜻과 속에 담긴 가르침을 잘 알아두고 실천합시다.

원문	兄	弟	和	睦	父	母	喜	之
음	형	제	화	목	부	모	희	지
뜻	형	아우	화목하다	화목하다	아버지	어머니	기쁘다	이것
풀이	형제가 화목하게 지내면 부모님은 이 모습을 보고 기뻐하십니다.							

해설 형제자매가 아무리 재산이 많아도, 출세했다 하더라도 서로 미워하고 싸운다면 부모님 마음은 찢어지도록 아프십니다. 반면에 자녀들이 서로 화목하게 지내는 모습을 보면 한없이 기뻐하시겠지요. 형제자매 간에 가장 필요한 덕목은 '화목(和睦)'이랍니다.

Ⅲ

선한 가정, 튼튼한 나라

049

추원보본 제사필성
追遠報本 祭祀必誠

▶ 한자로 된 문장을 읽으면서 그 뜻과 속에 담긴 가르침을 잘 알아두고 실천합시다.

원문	追	遠	報	本	祭	祀	必	誠
음	추	원	보	본	제	사	필	성
뜻	따르다	선조	갚다	근본	제사	제사	반드시	정성
풀이	조상님을 추모하고 태어난 근본에 대한 은혜에 보답하여 제사는 반드시 정성껏 지냅니다.								

해설 '추원(追遠)'은 『논어』에 나오는 말로, 돌아가신 부모와 조상을 추모하고 받든다는 뜻입니다. 집안에 따라 유교식 제사를 지내거나 절에 가거나 기도회를 열기도 하지요. 어떤 방법이든지 우리의 근본인 조상님에 대한 추모와 감사의 마음은 꼭 가져야 한답니다.

050

비유선조 아신갈생

非 有 先 祖 我 身 曷 生

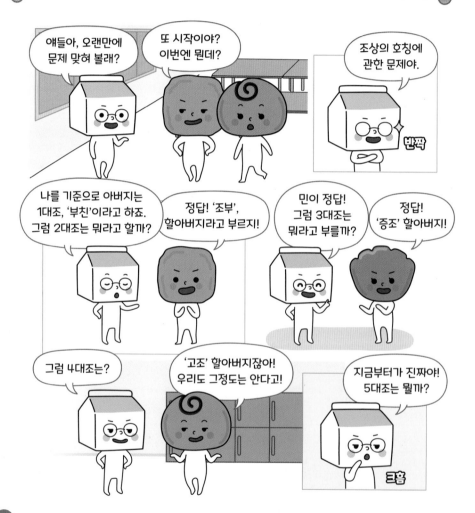

▶ 한자로 된 문장을 읽으면서 그 뜻과 속에 담긴 가르침을 잘 알아두고 실천합시다.

원문	非	有	先	祖	我	身	曷	生
음	비	유	선	조	아	신	갈	생
뜻	아니다	있다	먼저	할아버지	나	몸	어찌	나다
풀이	선조가 있지 않았다면 나의 몸이 어찌 태어날 수 있었겠습니까?							

해설 자기소개할 때 '조상 누구의 몇 대손'이라고 말하기도 합니다. 만일 '30대손'이면 1대를 30년으로 잡아 계산해서 약 900년이 되는데, 그만큼 자기의 뿌리가 깊다는 뜻이지요. 선조를 기억하는 일은 나의 근본을 잘 알아 현재를 더 가치 있게 살기 위한 것입니다.

051

내외유별 상경여빈
內外有別 相敬如賓

▶ 한자로 된 문장을 읽으면서 그 뜻과 속에 담긴 가르침을 잘 알아두고 실천합시다.

원문	內	外	有	別	相	敬	如	賓
음	내	외	유	별	상	경	여	빈
뜻	안(아내)	바깥(남편)	있다	구별	서로	공경하다	같다	손님
풀이	아내와 남편은 역할에 구별이 있으니 서로 손님과도 같이 공경해야 합니다.							

해설 '내외유별'은 유교의 '오륜(五倫)' 중 하나인 '부부유별(夫婦有別)'과 같은 뜻입니다. 아내와 남편은 가정에서 분별 있게 제 역할을 다하며 서로 공경한다는 뜻이지요. 아빠와 엄마가 서로 사랑하고 존중하는 모습은 자녀들에게 좋은 본보기가 된답니다.

052 부도화의 부덕유순
夫道和義 婦德柔順

▶ 한자로 된 문장을 읽으면서 그 뜻과 속에 담긴 가르침을 잘 알아두고 실천합시다.

원문	夫	道	和	義	婦	德	柔	順
음	부	도	화	의	부	덕	유	순
뜻	남편	도리	온화하다	의롭다	아내	덕	부드럽다	순하다
풀이	남편의 도리는 온화하고 의로운 것이며, 아내의 덕은 유순한 것입니다.							

해설 옛날에는 남편과 아내의 도리에 대해 엄격하게 가르쳤습니다. 엄숙한 남편, 순종하는 아내를 원했지요. 그러나 현대사회는 그렇지 않지요. 남편과 아내는 서로 이해하고 돕는 동등한 관계로서 사랑과 존중으로 가정을 행복하게 꾸려나가는 동반자랍니다.

부창부수 가도성의
夫唱婦隨 家道成矣

▶ 한자로 된 문장을 읽으면서 그 뜻과 속에 담긴 가르침을 잘 알아두고 실천합시다.

원문	夫	唱	婦	隨	家	道	成	矣
음	부	창	부	수	가	도	성	의
뜻	남편	이끌다	아내	따르다	집	규율	이루다	어조사
풀이	남편이 앞장서 이끌고 아내가 따라 하면 집안의 규범이 이루어지게 될 것입니다.							

해설 옛날 유교 사회에서는 아내는 남편의 말에 순종하여 따르는 것이 집안의 규범이었습니다. 하지만 지금은 평등사회이니까 그렇게 생각하면 안 되겠지요. 남편과 아내는 서로의 의견에 화답하고 도와 가며 화목하게 집안의 규범을 이루어 나가야 한답니다.

054 적선지가 필유여경
積善之家 必有餘慶

▶ 한자로 된 문장을 읽으면서 그 뜻과 속에 담긴 가르침을 잘 알아두고 실천합시다.

원문	積	善	之	家	必	有	餘	慶
음	적	선	지	가	필	유	여	경
뜻	쌓다	착하다	~의	집	반드시	있다	남다	경사
풀이	선행을 쌓은 집에는 반드시 경사스러운 일이 남아 있게 됩니다.							

해설 부모가 선행하면 자녀들도 자연히 따라 하게 됩니다. 그래서 그 집안은 점차 이웃의 본보기가 되는 훌륭한 가정이 되지요. 선행은 누가 보답하든 안 하든 그런 것과는 아무 상관이 없으며, 남을 도움으로써 가족이 즐겁고 행복해지는 것이 곧 경사랍니다.

불선지가 필유여앙
不善之家 必有餘殃

'로미오와 줄리엣'? 엄마, 이 티켓 뭐예요?

아, 그거? 다음 주말에 친구랑 연극 보러 가기로 했거든.

저도 알아요! 로미오와 줄리엣의 가문이 서로 원수지간인데 사랑에 빠지고 말잖아요.

맞아. 그러다 비극적으로 죽는 이야기지.

사랑하다 죽는다고요? 왜요?

줄리엣의 아버지가 원수 집안의 로미오에게 딸을 줄 수 없어 다른 남자와 결혼시키려 했어.

그래서 줄리엣을 가짜로 죽게 만들어 로미오에게 보내려고 했는데…!

로미오는 줄리엣이 죽은 줄 착각하고 자살하고 깨어난 줄리엣도 로미오를 따라 죽었지.

셰익스피어가 쓴 비극이야.

두둥

▶ 한자로 된 문장을 읽으면서 그 뜻과 속에 담긴 가르침을 잘 알아두고 실천합시다.

원문	不	善	之	家	必	有	餘	殃
음	불	선	지	가	필	유	여	앙
뜻	아니하다	착하다	~의	집	반드시	있다	남다	재앙
풀이	착하지 않은 일을 하는 집에는 반드시 재앙이 남아 있게 됩니다.						

해설 부모나 형제가 좋지 못한 일을 하거나 사이가 나빠지면 그 집은 행복하지 못합니다. 서로 상대를 원망하게 되고, 사소한 일로도 자주 다투게 되지요. 그러다가 집안에 큰 불행이 올 수도 있으므로 작은 일이 생겼을 때 더 나빠지지 않도록 잘 해결해야 한답니다.

056 화복무문 유인소소
禍福無門 惟人所召

진이야, 가방에 못 보던 장식이 달려 있네?

아, 이거? 문구점에서 재앙을 막아 주는 장식이라길래 샀어!

픕, 너 그런 걸 믿어?

재미로 하는 거지! 진짜 재앙을 막아주면 더 좋고!

좋은데? 나도 하나 사야겠다.

에이, 다 미신이야. 그거 달아서 재앙이 막아진다면 다 행복하기만 하겠네!

그냥 재미로 하는 거랬잖아!

그래, 예쁘기만 한데!

좀 더 현실적으로 생각해야지.

재앙이든 복이든 사람이 어떻게 하느냐에 달린 거 아니겠어?

주절

주절

▶ 한자로 된 문장을 읽으면서 그 뜻과 속에 담긴 가르침을 잘 알아두고 실천합시다.

원문	禍	福	無	門	惟	人	所	召
음	화	복	무	문	유	인	소	소
뜻	재앙	복	없다	문	오직	사람	것	불러늘이다
풀이	재앙과 복이 들어오는 문은 없으며 오직 사람이 불러들이는 것입니다.							

해설 예부터 재앙은 막고 복은 들어오라는 뜻으로 여러 풍습이 전해지고 있습니다. 하지만 그것은 하나의 풍습일 뿐, 실생활과는 별 관계가 없지요. 사람이 어떻게 행동하느냐에 따라 재앙이 생기거나 복이 들어오는 것이므로, 언제나 바른 행동을 해야 한답니다.

057

학우즉사 위국진충
學 優 則 仕 爲 國 盡 忠

▶ 한자로 된 문장을 읽으면서 그 뜻과 속에 담긴 가르침을 잘 알아두고 실천합시다.

원문	學	優	則	仕	爲	國	盡	忠
음	학	우	즉	사	위	국	진	충
뜻	배우다	뛰어나다	곧	벼슬하다	위하다	나라	다하다	충성
풀이	학문이 뛰어나면 벼슬을 하여 나라를 위해 충성을 다하여야 합니다.							

해설 옛날 유교 사회에서는 학문의 목적이 과거에 합격하여 벼슬을 하며 나라에 충성하는 것이었습니다. 지금은 공부의 목적과 방법도 다양하고 직업도 무척 다양한 시대지요. 어릴 때는 기본을 잘 배우고, 커서는 자기가 하고 싶은 일을 하는 것이 행복한 삶이랍니다.

경신절용 애민여자
敬 信 節 用　愛 民 如 子

▶ 한자로 된 문장을 읽으면서 그 뜻과 속에 담긴 가르침을 잘 알아두고 실천합시다.

원문	敬	信	節	用	愛	民	如	子
음	경	신	절	용	애	민	여	자
뜻	삼가다	믿다	절약하다	쓰다	사랑하다	백성	같다	자식
풀이	조심해서 미덥게 일하며 재물을 아껴 쓰고 백성 사랑함을 자식과 같이 해야 합니다.							

해설 누구나 크면 직업을 갖게 됩니다. 늘 몸가짐과 언행을 조심하여 믿음성 있게 일하고, 공적 재물을 함부로 쓰거나 낭비해선 안 되지요. 공무원처럼 많은 사람을 대하는 일을 할 때는 민원인이나 고객을 마치 제 자식 사랑하듯 정성을 다해 응대해야 한답니다.

IV

나를 다듬고 가꾸는 지혜

059 인소이귀 이기륜강
人 所 以 貴 以 其 倫 綱

▶ 한자로 된 문장을 읽으면서 그 뜻과 속에 담긴 가르침을 잘 알아두고 실천합시다.

원문	人	所	以	貴	以	其	倫	綱
음	인	소	이	귀	이	기	륜	강
뜻	사람	것	이유	귀하다	때문에	그	인륜	법노
풀이	사람이 귀한 이유는 그 오륜과 삼강이 있기 때문입니다.							

해설 '륜강(倫綱)', 즉 '삼강오륜'은 유교 도덕에서 유래했는데, 인격을 갈고닦기 위해 실천해야 할 근본적인 도리가 들어 있습니다. 우리 민족의 좋은 전통이지요. 고전을 읽는 이유는 이처럼 옛것에서 지혜를 찾아 새로운 전통을 만들어 나갈 수 있기 때문이랍니다.

060 족용필중 수용필공
足容必重 手容必恭

가족끼리 영화 보는 거 진짜 오랜만이다!

콜라랑 팝콘 실컷 먹고 너무 좋아!

영화관 들어가면 조용히 해야 돼.

난 액션이 좋은데.

후아암

저도 액션이 좋아요! 얍!

펵

뭐야?

어머, 죄송해요! 저희 애가 실수로 그만….

관객석에서 발을 함부로 놀리면 안 돼! 가만히 있어야지.

저럴 줄 알았다.

척

왜 누나까지 잔소리야?

▶ 한자로 된 문장을 읽으면서 그 뜻과 속에 담긴 가르침을 잘 알아두고 실천합시다.

원문	足	容	必	重	手	容	必	恭
음	족	용	필	중	수	용	필	공
뜻	발	모습	반드시	무겁다	손	모습	반드시	공손하다
풀이	발 모습은 반드시 무겁게 하며 손 모습은 반드시 공손하게 해야 합니다.							

해설 아무 데서나 발과 손을 함부로 놀리면 다른 사람을 불편하게 합니다. 발과 다리를 떨거나 손을 가만히 두지 못하는 건 마음이 안정되지 않기 때문이지요. 손과 발은 사람의 바른 태도를 잘 드러내는 신체이므로 늘 신중하고 공손하게 보이도록 해야 한답니다.

061

목용필단 구용필지
目 容 必 端 口 容 必 止

▶ 한자로 된 문장을 읽으면서 그 뜻과 속에 담긴 가르침을 잘 알아두고 실천합시다.

원문	目	容	必	端	口	容	必	止
음	목	용	필	단	구	용	필	지
뜻	눈	모습	반드시	단정하다	입	모습	반드시	그치다
풀이	눈 모습은 반드시 단정히 하며, 입모습은 반드시 다물고 있어야 합니다.							

해설 마음이 불안하면 눈동자를 가만히 두지 못해 두리번거리며, 집중력이 떨어지면 자기도 모르게 입이 벌어집니다. 그러면 공부나 일을 능률적으로 못 하게 되지요. 그래서 항상 눈 모습을 바르게 단정히 하고 입은 아무 때나 벌리지 않는 습관을 들여야 한답니다.

성용필정 두용필직
聲 容 必 靜 　 頭 容 必 直

▶ 한자로 된 문장을 읽으면서 그 뜻과 속에 담긴 가르침을 잘 알아두고 실천합시다.

원문	聲	容	必	靜	頭	容	必	直
음	성	용	필	정	두	용	필	직
뜻	소리	모습	반드시	조용하다	머리	모습	반드시	곧다
풀이	목소리는 반드시 조용하게 하며, 머리의 모습은 반드시 곧게 해야 합니다.							

해설 아무 데서나 큰 소리를 내는 것은 공중도덕에 어긋나는 행동입니다. 서 있거나 앉아 있을 때는 머리를 곧게 하는 것이 예의이며 건강에도 이롭지요. 어릴 때부터 침착하고 차분한 음성으로 말하며, 머리를 곧게 하여 바른 자세를 갖도록 늘 노력해야 한답니다.

063

기용필숙 입용필덕

氣容必肅 立容必德

▶ 한자로 된 문장을 읽으면서 그 뜻과 속에 담긴 가르침을 잘 알아두고 실천합시다.

원문	氣	容	必	肅	立	容	必	德
음	기	용	필	숙	입	용	필	덕
뜻	숨 쉬다	모습	반드시	고요하다	서다	모습	반드시	덕
풀이	숨 쉬는 모습은 반드시 정숙하게 하며, 서 있는 모습은 반드시 덕스럽게 합니다.							

해설 ┃ 때와 장소에 따라서 숨쉬기와 같은 작은 행동도 정숙하게 해야 하며, 서 있을 때는 바른 자세로 덕스러운 모습이어야 합니다. 그만큼 몸가짐이 중요하다는 말이지요. 어릴 때부터 숨쉬기, 서 있기, 걷기 등 모든 행동이 바르도록 습관을 들여야 한답니다.

064

시필사명 청필사총
視必思明 聽必思聰

▶ 한자로 된 문장을 읽으면서 그 뜻과 속에 담긴 가르침을 잘 알아두고 실천합시다.

원문	視	必	思	明	聽	必	思	聰
음	시	필	사	명	청	필	사	총
뜻	보다	반드시	생각하다	밝다	듣다	반드시	생각하다	귀 밝다
풀이	볼 때는 반드시 분명히 보려고 생각하며, 들을 때는 반드시 확실히 들으려고 생각해야 합니다.							

해설 무엇을 볼 때는 분명하게 보아야 하며, 남의 말을 들을 때는 귀 기울여 확실하게 듣고 잘 기억해 두어야 합니다. 그렇지 않으면 엉뚱한 결과가 나오는 실수를 저지를 수도 있지요. 확실하게 보고 듣는 연습을 해 두면 모든 공부와 일에 많은 도움이 된답니다.

065

색필사온 모필사공
色必思溫 貌必思恭

▶ 한자로 된 문장을 읽으면서 그 뜻과 속에 담긴 가르침을 잘 알아두고 실천합시다.

원문	色	必	思	溫	貌	必	思	恭
음	색	필	사	온	모	필	사	공
뜻	얼굴빛	반드시	생각하다	부드럽다	행동거지	반드시	생각하다	공손하다
풀이	얼굴빛은 반드시 부드럽게 하려고 생각하며, 행동은 반드시 공손히 하려고 생각해야 합니다.

해설 얼굴빛을 보면 사람의 마음을 알 수 있고, 행동거지를 보면 그 사람의 인격을 짐작할 수 있습니다. 부드러운 얼굴과 공손한 행동은 다른 사람에게 믿음과 기쁨을 안겨 주지요. 거울을 보며 자기 얼굴을 잘 살피고 공손하게 행동할 수 있도록 노력해야 한답니다.

066

언필사충 사필사경
言必思忠 事必思敬

▶ 한자로 된 문장을 읽으면서 그 뜻과 속에 담긴 가르침을 잘 알아두고 실천합시다.

원문	言	必	思	忠	事	必	思	敬
음	언	필	사	충	사	필	사	경
뜻	말	반드시	생각하다	정성	일	반드시	생각하다	삼가다
풀이	말은 반드시 정성껏 하려고 생각하며, 일은 반드시 삼가며 하려고 생각합니다.							

해설 남에게 무슨 말을 할 때는 정성껏 친절하게 하여야 하며, 어디서든지 일할 때는 조심스럽게 신중한 몸가짐으로 해야 합니다. 말할 때 아무렇게나 하면 상대방에게 불편을 주고, 행동을 조심하지 않으면 일을 망치거나 사고가 날 수 있기 때문이랍니다.

067 의필사문 분필사난
疑必思問 忿必思難

바로 알고, 바로 쓰는 빵빵한 어린이 사자소학

▶ 한자로 된 문장을 읽으면서 그 뜻과 속에 담긴 가르침을 잘 알아두고 실천합시다.

원문	疑	必	思	問	忿	必	思	難
음	의	필	사	문	분	필	사	난
뜻	의문	반드시	생각하다	묻다	화내다	반드시	생각하다	어렵다
풀이	의문이 있으면 반드시 물을 것을 생각하며, 화가 나면 반드시 어려운 일을 생각합니다.							

해설 집에서나 학교에서나 모르는 것, 의문 나는 것이 있으면 찾아보거나 물어봐서 문제를 해결하는 습관을 들여야 합니다. 또 화가 날 때면 상대에게 화를 낸 다음에 일어날 어려운 일을 생각해 보고 마음을 가라 앉히는 것이 훨씬 더 자신에게 이롭답니다.

068 거처필공 보리안상
居 處 必 恭 步 履 安 詳

▶ 한자로 된 문장을 읽으면서 그 뜻과 속에 담긴 가르침을 잘 알아두고 실천합시다.

원문	居	處	必	恭	步	履	安	詳
음	거	처	필	공	보	리	안	상
뜻	앉다	곳	반드시	공손하다	걸음	밟다	편안하다	사세하다
풀이	어떤 곳에 앉을 때는 반드시 공손히 하며, 걸음걸이는 편안하고 차분하게 합니다.							

해설 공공장소나 여러 사람이 있는 곳에 앉을 때는 불필요한 손동작 발동작을 삼가고 공손한 자세를 합니다. 또한 꼭 빨리 가야 할 때가 아니면, 편안하고 차분하게 걷는 습관을 들이도록 노력해야 합니다. 바른 자세로 앉고 걷는 것은 예의의 기본이며, 건강에도 좋답니다.

069

비례물시 비례물청
非禮勿視　非禮勿聽

▶ 한자로 된 문장을 읽으면서 그 뜻과 속에 담긴 가르침을 잘 알아두고 실천합시다.

원문	非	禮	勿	視	非	禮	勿	聽
음	비	례	물	시	비	례	물	청
뜻	아니다	예절	말나	본받다	아니다	예절	말다	듣다
풀이	예절에 어긋난 행동은 본받지 말고, 예절에 어긋난 말은 듣지 말아야 합니다.							

해설 개인의 자유가 보장되어 있다고 해서 아무 데서나 자기 좋을 대로 행동해서는 안 됩니다. 모두가 함께 사는 사회에서는 공중도덕과 예의를 반드시 지킬 줄 알고 실천해야 하지요. 그것을 잘 지키는 사람을 가리켜 '성숙한 민주 시민'이라고 한답니다.

070

비례물언 비례물동
非禮勿言 非禮勿動

▶ 한자로 된 문장을 읽으면서 그 뜻과 속에 담긴 가르침을 잘 알아두고 실천합시다.

원문	非	禮	勿	言	非	禮	勿	動
음	비	례	물	언	비	례	물	동
뜻	아니다	예절	말다	말하다	아니다	예절	말다	움직이다
풀이	예의에 어긋난 말은 하지 말고, 예의에 어긋난 행동은 하지 말아야 합니다.							

해설 예의는 아이나 아랫사람만 갖춰야 하는 것이 아닙니다. 어른이나 윗사람도 아이와 아랫사람에게 예의를 갖춰 말하고 행동해야 하지요. 모든 사람은 나이나 지위에 상관없이 동등한 인격을 지니고 있습니다. 예의를 잘 지키는 사람을 '인격자'라 부른답니다.

071 행필정직 언즉신실
行必正直 言則信實

마리야, 뭐하니?

저 지금 숙제 중이에요.

어쩜, 우리 딸은 숙제 밀린 적이 없어.

학생으로서 당연한 거죠!

간식 가져다 줄게, 먹으면서 해.

기분 좋아 보이네요?

항상 바르고 성실하게 자기 할 일 하는 마리가 기특해서요.

아무래도 마리는 공무원이 딱인 거 같아.

왜요?

▶ 한자로 된 문장을 읽으면서 그 뜻과 속에 담긴 가르침을 잘 알아두고 실천합시다.

원문	行	必	正	直	言	則	信	實
음	행	필	정	직	언	즉	신	실
뜻	행하다	반드시	바르다	곧다	말하다	곧	믿다	성실하다
풀이	행동은 반드시 바르고 곧게 하며, 말은 믿음직하고 성실하게 합니다.							

해설 집안에서든 집 밖에 나가서든 바르고 곧게 행동하고 믿음직하고 성실하게 말하는 사람은 누구에게나 칭찬을 받습니다. 특히 국민을 위해 봉사하는 공무원들은 누구보다 정직하고 신실하게 일해야 국민이 편안하고 행복한 생활을 할 수 있게 된답니다.

072
용모단정 의관정제
容貌端正 衣冠整齊

바로 알고, 바로 쓰는 빵빵한 어린이 사자소학

▶ 한자로 된 문장을 읽으면서 그 뜻과 속에 담긴 가르침을 잘 알아두고 실천합시다.

원문	容	貌	端	正	衣	冠	整	齊
음	용	모	단	정	의	관	정	제
뜻	얼굴	모습	바르다	바르다	옷	갓	가지런하나	가지런하다
풀이	얼굴 모습은 단정하게 하며, 옷차림새는 격식에 맞고 가지런하게 합니다.							

해설 '의관'이란 옛 남자들의 정장 차림을 말합니다. 요즘은 개성 시대라서 자기가 좋아하는 차림새를 하고 다니지요. 그러나 남자든 여자든 특별한 일 없이 얼굴을 지나치게 치장하거나 옷차림새를 아무렇게나 하고 다니는 습관은 바람직하지 못합니다.

073

작사모시 출언고행
作事謀始 出言顧行

▶ 한자로 된 문장을 읽으면서 그 뜻과 속에 담긴 가르침을 잘 알아두고 실천합시다.

원문	作	事	謀	始	出	言	顧	行
음	작	사	모	시	출	언	고	행
뜻	만들다	일	꾀하다	시작	나가다	말	돌아보다	행실
풀이	일하려고 할 때는 시작을 잘 계획하고, 말할 때는 자기 행실을 돌아보아야 합니다.							

해설 중요한 일을 앞두면 누구나 긴장되고 불안하기 마련입니다. 그럴수록 지난번 실수했던 자기의 경험과 행동을 돌아보면서 시작을 어떻게 하는 게 좋을지 계획을 잘 짜서 실행해야 하지요. '시작이 반'이란 말은 그만큼 시작을 잘하는 게 중요하다는 뜻이랍니다.

074

상덕고지 연낙중응

常德固持 然諾重應

▶ 한자로 된 문장을 읽으면서 그 뜻과 속에 담긴 가르침을 잘 알아두고 실천합시다.

원문	常	德	固	持	然	諾	重	應
음	상	덕	고	지	연	낙	중	응
뜻	떳떳하다	도덕	굳게	시키나	그렇다	승낙하다	신중하다	응하다
풀이	떳떳한 도덕심을 굳게 지키며, 그렇게 하겠다고 승낙할 때는 신중하게 응합니다.

해설 아무리 사소한 일이라도 떳떳한 마음으로 도덕을 실천해야 합니다. 또 남의 말을 듣고 승낙할 때는 무조건 응하지 말고 신중하게 생각한 다음에 해야 해로운 일을 당하지 않지요. 작은 일에 떳떳하고 성실한 사람은 자라서 큰일도 이루어 낼 수 있답니다.

음식신절 언어공손
飲食愼節 言語恭遜

▶ 한자로 된 문장을 읽으면서 그 뜻과 속에 담긴 가르침을 잘 알아두고 실천합시다.

원문	飲	食	愼	節	言	語	恭	遜
음	음	식	신	절	언	어	공	손
뜻	마시다	먹다	삼가다	설제하다	말씀	말씀	공손하다	겸손하다
풀이	음식은 삼가고 절제하며, 언어는 공손해야 합니다.							

해설 요즘은 '맛집'이니 '먹방'과 같이 음식에 대한 유혹이 너무 많아 절제하지 못하면 어릴 때부터 비만에 걸리기 쉽습니다. 절제하는 것은 건강의 지름길이지요. 그리고 말할 때는 예의를 갖춰 공손히 하는 습관을 들여야 합니다. 늘 명심하고 실천해야 한답니다.

076

수신제가 치국지본
修身齊家 治國之本

▶ 한자로 된 문장을 읽으면서 그 뜻과 속에 담긴 가르침을 잘 알아두고 실천합시다.

원문	修	身	齊	家	治	國	之	本
음	수	신	제	가	치	국	지	본
뜻	닦다	자기	다스리다	집	다스리다	나라	~의	근본
풀이	자신의 몸과 마음을 바르게 닦아 집안을 바로잡는 일은 나라를 다스리는 근본입니다.							

해설 '자기의 몸과 마음을 닦아 수양하고 집안을 잘 다스린다.'라는 뜻의 '수신제가'는 예부터 내려오는 매우 중요한 덕목입니다. 그래야 사회에 이바지하고 나랏일을 맡아 국민에게 봉사하는 훌륭한 지도자도 될 수 있지요. 잘 기억하고 실천해야 하는 가르침이랍니다.

077

충신자상 온량공검
忠信慈祥 溫良恭儉

▶ 한자로 된 문장을 읽으면서 그 뜻과 속에 담긴 가르침을 잘 알아두고 실천합시다.

원문	忠	信	慈	祥	溫	良	恭	儉
음	충	신	자	상	온	량	공	검
뜻	충성	믿다	사랑하다	착하다	온화하다	어질다	공손하다	검소히다
풀이	충실과 신의로 자상한 선행을 하며, 온화하고 어질며 공손하고 검소하게 생활합니다.							

해설 충실한 마음으로 이웃을 믿고 사랑의 선행을 하기 위해 힘써야 합니다. 또한 남을 대할 때는 이기적이거나 오만하지 말고 공손해야 하며, 늘 검소한 생활을 하려고 노력해야 합니다. 이런 노력을 통해 사람은 바른 인성을 가진 인격자로 성장하게 된답니다.

V

함께하며 서로 돕는 친구

078

인지재세 불가무우
人 之 在 世　不 可 無 友

▶ 한자로 된 문장을 읽으면서 그 뜻과 속에 담긴 가르침을 잘 알아두고 실천합시다.

원문	人	之	在	世	不	可	無	友
음	인	지	재	세	불	가	무	우
뜻	사람	~에	있다	세상	아니다	옳다	없다	벗
풀이	사람이 세상에 살고 있으면서 벗이 없을 수는 없습니다.							

해설 사람을 '사회적 동물'이라고 합니다. 혼자서는 살 수 없고 반드시 다른 사람과 관계를 맺으며 살기 때문이지요. 그중에서 평생 함께하는 친구는 정말 소중한 존재입니다. 그래서 어릴 때의 좋은 친구는 돈 주고도 살 수 없는 인생의 자산이라고 한답니다.

이문회우 이우보인
以文會友 以友輔仁

▶ 한자로 된 문장을 읽으면서 그 뜻과 속에 담긴 가르침을 잘 알아두고 실천합시다.

원문	以	文	會	友	以	友	輔	仁
음	이	문	회	우	이	우	보	인
뜻	(으)로써	학문	모으다	벗	(으)로써	벗	돕다	어질다
풀이	학문을 하면서 벗을 모으고, 어질고 선한 덕을 쌓도록 벗끼리 서로 도와줍니다.							

해설 '학교'는 여럿이 공부하기 위해서 모인 곳입니다. 학교에서 친구들과 같이 배우고 익히며, 아는 것을 나누고 부족한 것은 서로 도우면서 착하고 바른 인격을 가진 사람으로 성장해 가게 되지요. 그중에서도 함께 독서하고 토론하는 공부는 더욱 소중하답니다.

080

우기정인 아역자정
友其正人 我亦自正

▶ 한자로 된 문장을 읽으면서 그 뜻과 속에 담긴 가르침을 잘 알아두고 실천합시다.

원문	友	其	正	人	我	亦	自	正
음	우	기	정	인	아	역	자	정
뜻	벗하다	그	바르다	사람	나	또한	저절로	바르다
풀이	품행이 바른 사람을 벗으로 삼으면 나도 또한 저절로 품행이 바르게 됩니다.							

해설 사람은 자기 주변의 사람들을 보고 본받고 배우며 자라는 존재입니다. 말과 행동이 올바른 사람을 친구로 삼아 사귀면 그 영향을 받아 자신도 올바른 언행을 하게 되지요. 그러므로 항상 자기 주변의 사람들을 잘 살펴본 후에 친구로 삼아야 한답니다.

081

종유사인 아역자사
從遊邪人 我亦自邪

▶ 한자로 된 문장을 읽으면서 그 뜻과 속에 담긴 가르침을 잘 알아두고 실천합시다.

원문	從	遊	邪	人	我	亦	自	邪
음	종	유	사	인	아	역	자	사
뜻	따르다	놀다	간사하다	사람	나	또한	저절로	간사하다
풀이	간사한 사람을 따라다니면 나도 또한 저절로 간사해집니다.							

해설 '간사하다'는 말은 '자기의 이익을 위하여 나쁜 꾀를 부리는 등 마음이 바르지 않다.'는 뜻입니다. 이러한 사람을 친구로 여기며 따라다니다 보면 자기도 모르는 사이에 나쁜 행동을 하게 되지요. 만약 그런 사람임을 알았다면 만나지도 사귀지도 말아야 한답니다.

082

봉생마중 불부자직
蓬生麻中 不扶自直

그리를 보면 개구쟁이 같으면서도 참 바르지?

그러니까. 정말 신기해.

내가 왜 개구쟁이야? 얼마나 바른데!

뭐, 그렇다고 하자!

엄마, 학교에서 친구들이 나보고 개구쟁이래요!

우리 그리가? 음, 조금 그런 면이 있지.

아닌데, 나는 되게 모범생인데….

넌 원래 개구쟁이인데 엄마 아빠가 모범적이라 보고 배운 게 아닐까?

그거 말 된다.

하하하

자꾸 웃지 마요!

▶ 한자로 된 문장을 읽으면서 그 뜻과 속에 담긴 가르침을 잘 알아두고 실천합시다.

원문	蓬	生	麻	中	不	扶	自	直
음	봉	생	마	중	불	부	자	직
뜻	쑥	자라다	삼	가운데	아니다	붙들다	스스로	곧다
풀이	쑥이 삼 가운데서 자라나면 붙들어 주지 않아도 스스로 곧게 자랍니다.							

해설 삼은 곧게 자라는 식물로 삼베옷의 원료로 쓰입니다. 구불구불한 쑥도 삼과 같이 있으면 스스로 곧게 자란다는 말은 환경이 매우 중요하다는 뜻이지요. 나보다 재능이 뛰어나고 선한 친구와 사귀면 그 영향으로 나의 재능도 발전하고 선한 인성을 가지게 된답니다.

083

백사재니 불염자오
白沙在泥 不染自汚

▶ 한자로 된 문장을 읽으면서 그 뜻과 속에 담긴 가르침을 잘 알아두고 실천합시다.

원문	白	沙	在	泥	不	染	自	污
음	백	사	재	니	불	염	자	오
뜻	희다	모래	있다	진흙	아니다	물들이다	스스로	더럽다
풀이	흰 모래도 진흙 속에 있으면 물들이지 않아도 저절로 더러워집니다.							

해설 희고 깨끗한 모래도 진흙에 섞이면 저절로 시커멓게 물들게 마련이듯 사람도 마찬가지입니다. 아무리 좋은 뜻을 가져도 조직이나 친구가 옳지 못한 일을 하면 자신도 옳지 못한 행동을 따라 하게 되지요. 그러므로 모든 인간관계는 늘 신중해야 한답니다.

084

근묵자흑 근주자적
近墨者黑 近朱者赤

▶ 한자로 된 문장을 읽으면서 그 뜻과 속에 담긴 가르침을 잘 알아두고 실천합시다.

원문	近	墨	者	黑	近	朱	者	赤
음	근	묵	자	흑	근	주	자	적
뜻	가깝다	먹	사람	검다	가깝다	붉은 흙	사람	붉다
풀이	먹을 가까이하는 사람은 검게 물들고, 붉은 흙을 가까이하는 사람은 붉게 물듭니다.							

해설 서예를 하고 나면 몸에 검은 먹물이 묻고, 붉은 흙을 만지고 나면 손이나 얼굴에 붉은 흙이 묻게 됩니다. 그처럼 사람도 누구와 함께 있느냐에 따라 성격과 행동이 달라지지요. 그러므로 자기에게 어떤 영향을 끼칠지를 잘 판단해서 친구를 만나야 한답니다.

085

거필택린 취필유덕

居 必 擇 隣　就 必 有 德

▶ 한자로 된 문장을 읽으면서 그 뜻과 속에 담긴 가르침을 잘 알아두고 실천합시다.

원문	居	必	擇	隣	就	必	有	德
음	거	필	택	린	취	필	유	덕
뜻	살다	반드시	가리다	이웃	따르다	반드시	있다	덕
풀이	거주할 때 반드시 이웃은 잘 가려야 하고, 반드시 덕이 있는 사람을 따라야 합니다.								

해설 어떤 곳에 거주하든지 좋은 이웃을 잘 가려서 서로 돕고 살아야 합니다. 또한 무엇을 하고자 할 때는 인성이 바르고 덕이 있는 사람을 따라 배워야 합니다. 착한 이웃, 덕이 있는 친구나 선생님은 나를 바르게 자라도록 도와주는 보물과 같은 존재랍니다.

086

택이교지 유소보익
擇而交之　有所補益

▶ 한자로 된 문장을 읽으면서 그 뜻과 속에 담긴 가르침을 잘 알아두고 실천합시다.

원문	擇	而	交	之	有	所	補	益
음	택	이	교	지	유	소	보	익
뜻	가리다	말 이을	사귀다	어조사	많다	것	보태다	유익하다
풀이	벗을 잘 가려서 사귀면 나의 부족함을 보태 주는 유익한 것이 많습니다.							

해설 무조건 따라다닌다고 좋은 친구는 아닙니다. 나의 부족한 부분을 보태어 채워주고 나도 친구의 부족한 부분을 채워주며 함께 성장해 가는 관계가 참된 친구라고 할 수 있지요. 내가 도울 수 있는 친구, 또 나를 도울 수 있는 친구는 누군지 잘 살펴보세요.

087

불택이교 반유해의

不 擇 而 交 反 有 害 矣

▶ 한자로 된 문장을 읽으면서 그 뜻과 속에 담긴 가르침을 잘 알아두고 실천합시다.

원문	不	擇	而	交	反	有	害	矣
음	불	택	이	교	반	유	해	의
뜻	아니다	가리다	말 이을	사귀다	노리어	있다	손해	어조사
풀이	벗을 가리지 않고 사귀면 도리어 손해를 볼 수 있습니다.							

해설 친구가 많다고 해서 꼭 좋은 것은 아닙니다. 아무나 무턱대고 가리지 않고 사귀다 보면 손해를 보게 하거나, 좋지 않은 행동을 하게 만드는 친구도 있을 수 있지요. 서로 잘 이해하고 도움이 될 수 있는 좋은 친구를 가려서 사귈 줄 알아야 한답니다.

088

붕우유과 충고선도
朋友有過 忠告善導

▶ 한자로 된 문장을 읽으면서 그 뜻과 속에 담긴 가르침을 잘 알아두고 실천합시다.

원문	朋	友	有	過	忠	告	善	導
음	붕	우	유	과	충	고	선	도
뜻	벗	벗	있을	허물	충성	말하다	착하다	이끌다
풀이	벗에게 허물이 있으면 충고하여 바르고 선한 길로 이끌어야 합니다.							

해설 누구든지 가끔은 실수하거나 잘못할 수 있습니다. 만약 자기 친구가 어떤 잘못을 저지르는 것을 알게 되면 좋은 말로 충고하고 도와줄 수 있어야 하지요. 진정한 친구라면 친구의 잘못을 모르는 척 덮지 않고 조언하여 옳은 길로 이끌어 주어야 한답니다.

089

인무책우 이함불의
人 無 責 友 易 陷 不 義

▶ 한자로 된 문장을 읽으면서 그 뜻과 속에 담긴 가르침을 잘 알아두고 실천합시다.

원문	人	無	責	友	易	陷	不	義
음	인	무	책	우	이	함	불	의
뜻	사람	없다	꾸짖다	벗	쉽다	빠지다	아니다	의롭다
풀이	사람은 잘못을 꾸짖어 주는 벗이 없으면 의롭지 않은 데에 빠지기 쉽습니다.							

해설 같은 잘못을 되풀이하는 사람은 그것이 잘못인 줄 모르는 때가 많습니다. 그러므로 진정한 친구라면 그런 잘못에 대해 온화하게 꾸짖으며 충고해 줄 수 있어야 하겠지요. 쓴 약이 몸에 좋다는 말처럼, 나를 꾸짖어 주는 사람에게는 고마워해야 한답니다.

090

면찬아선 첨유지인
面讚我善 諂諛之人

▶ 한자로 된 문장을 읽으면서 그 뜻과 속에 담긴 가르침을 잘 알아두고 실천합시다.

원문	面	讚	我	善	諂	諛	之	人
음	면	찬	아	선	첨	유	지	인
뜻	얼굴	칭찬하다	나	착하다	아첨하다	아첨하다	어조사	사람
풀이	내 얼굴 앞에서 나를 착하다고 칭찬하면 그는 아첨하는 사람입니다.							

해설 자기 얼굴 바로 앞에서 대놓고 하는 칭찬을 들으면 매우 민망한 법입니다. 그런데 그렇게 대놓고 칭찬하는 이유는 그 사람에게 잘 보이고 싶은 마음이 있기 때문이지요. 그런 태도를 가리켜 '아첨'이라고 하는데, 그런 사람은 남에게 신뢰감을 주지 못한답니다.

면책아과 강직지인
面責我過 剛直之人

▶ 한자로 된 문장을 읽으면서 그 뜻과 속에 담긴 가르침을 잘 알아두고 실천합시다.

원문	面	責	我	過	剛	直	之	人
음	면	책	아	과	강	직	지	인
뜻	얼굴	꾸짖다	나	허물	굳세다	바르다	어조사	사람
풀이	내 얼굴 앞에서 나의 허물을 꾸짖으면, 그는 굳세고 바른 사람입니다.							

해설 다른 사람의 잘못을 지적할 때는 겸손과 용기가 필요합니다. 그러므로 나를 꾸짖을 수 있는 사람은 굳센 마음과 바른 태도로써 내가 잘되기를 바라는 좋은 친구라고 할 수 있지요. 누가 나의 잘못된 점을 말해 준다면, 그는 곧 나의 스승과 같은 존재랍니다.

092

언이불신 비직지우
言而不信 非直之友

얘들아, 오늘 나 태권도장 안 가는데 우리 이따 축구할래?

좋아! 딱 1시간만 하자!

너희들 축구할 거야? 나도 같이 하자!

오, 철이 너 축구 잘해?

우리 아빠가 축구 선수야! 나 엄청 축구 잘해!

이상한데? 저번엔 너희 아빠가 야구 선수라고 말했잖아?

으쓱

아, 그건···. 우리 아빤 뭐든지 잘해!

철이 아빠가 운동 선수는 아닐 텐데?

왜? 너 철이 아빠 알아?

▶ 한자로 된 문장을 읽으면서 그 뜻과 속에 담긴 가르침을 잘 알아두고 실천합시다.

원문	言	而	不	信	非	直	之	友
음	언	이	불	신	비	직	지	우
뜻	말하다	말 이을	아니다	믿다	아니다	곧다	어조사	벗
풀이	말하는데 미덥지 못하게 하면 정직한 벗이 아닙니다.							

해설 자기의 단점이나 잘못을 감추려고 사실과 다르게 말하거나 했던 말도 안 했다고 우기는 사람이 있습니다. 이처럼 미덥지 못한 말을 하는 이유는 정직하지 못하기 때문이지요. 좋은 친구가 되려면 무엇보다도 먼저 정직해야 한다는 것을 명심해야 합니다.

093

견선종지 지과필개
見 善 從 之　知 過 必 改

▶ 한자로 된 문장을 읽으면서 그 뜻과 속에 담긴 가르침을 잘 알아두고 실천합시다.

원문	見	善	從	之	知	過	必	改
음	견	선	종	지	지	과	필	개
뜻	보다	착하다	따르다	그것	알다	허물	반드시	고치다
풀이	착한 행동을 보면 그것을 따르고, 자기 잘못을 알면 반드시 고쳐야 합니다.							

해설 친구의 행동이나 말하는 것을 눈여겨 살펴보면, 본받을 점이 있다는 걸 알게 됩니다. 친구의 착한 행동을 따라 하면 나도 착해지고, 친구와 비교해 보고 내가 잘못한다는 걸 알면 꼭 고쳐 나가야 하지요. 그렇게 하면 선하고 바른 인성을 기를 수 있답니다.

094 열인찬자 백사개위

悅人讚者 百事皆僞

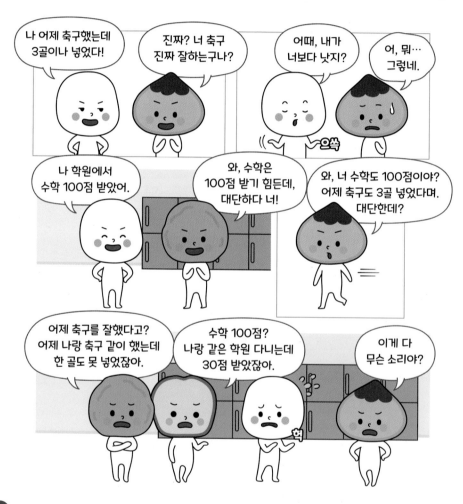

▶ 한자로 된 문장을 읽으면서 그 뜻과 속에 담긴 가르침을 잘 알아두고 실천합시다.

원문	悅	人	讚	者	百	事	皆	僞
음	열	인	찬	자	백	사	개	위
뜻	기뻐하다	사람	칭찬하다	사람	일백	일	모두	거짓
풀이	남의 칭찬 듣기만을 좋아하는 사람의 많은 일들은 모두 거짓일 수 있습니다.							

해설 누구나 칭찬 듣는 것을 좋아합니다. 그런데 너무 칭찬받기에만 몰두하다 보면 없는 일도 지어내어 칭찬 받으려고 하게 되고, 그러다 보면 거짓말을 자주 하는 나쁜 버릇이 생기지요. 칭찬이란 무슨 일이든 열심히 노력한 뒤에 저절로 열리는 열매와 같답니다.

095

염인책자 기행무진
厭人責者 其行無進

▶ 한자로 된 문장을 읽으면서 그 뜻과 속에 담긴 가르침을 잘 알아두고 실천합시다.

원문	厭	人	責	者	其	行	無	進
음	염	인	책	자	기	행	무	진
뜻	싫어하다	사람	꾸짖다	사람	그	행실	없다	나아가다
풀이	남의 꾸짖음을 싫어하는 사람은 그의 행실이 바르게 나아가지 못합니다.							

해설 '입에 쓴 약이 병에는 좋다.'는 속담이 있습니다. 바르지 못한 행동을 꾸짖는 일은 '쓴 약'과도 같지요. 자기의 그릇된 버릇을 고치고 바른 행실로 나아가기 위해서는 듣기가 거북하더라도 부모님이나 선생님의 꾸중을 잘 새겨들을 줄 알아야 한답니다.

096

막담타단 미시기장
莫談他短 靡恃己長

▶ 한자로 된 문장을 읽으면서 그 뜻과 속에 담긴 가르침을 잘 알아두고 실천합시다.

원문	莫	談	他	短	靡	恃	己	長
음	막	담	타	단	미	시	시	장
뜻	말다	이야기하다	남	허물	말다	믿다	자기	낫다
풀이	남의 허물이나 단점을 이야기하지 말고, 자기의 장점을 함부로 믿지 않습니다.

해설 남의 단점이나 허물을 말하는 것은 인격이 덜된 사람이 하는 그릇된 일입니다. 바른 인성을 가진 사람은 다른 사람의 단점을 말하지 않지요. 또 자기가 잘하는 것만 믿고 함부로 행동하면 사고가 나기 쉬우며 교만하다는 소릴 듣게 되므로 주의해야 한답니다.

097

기소불욕 물시어인

己所不欲 勿施於人

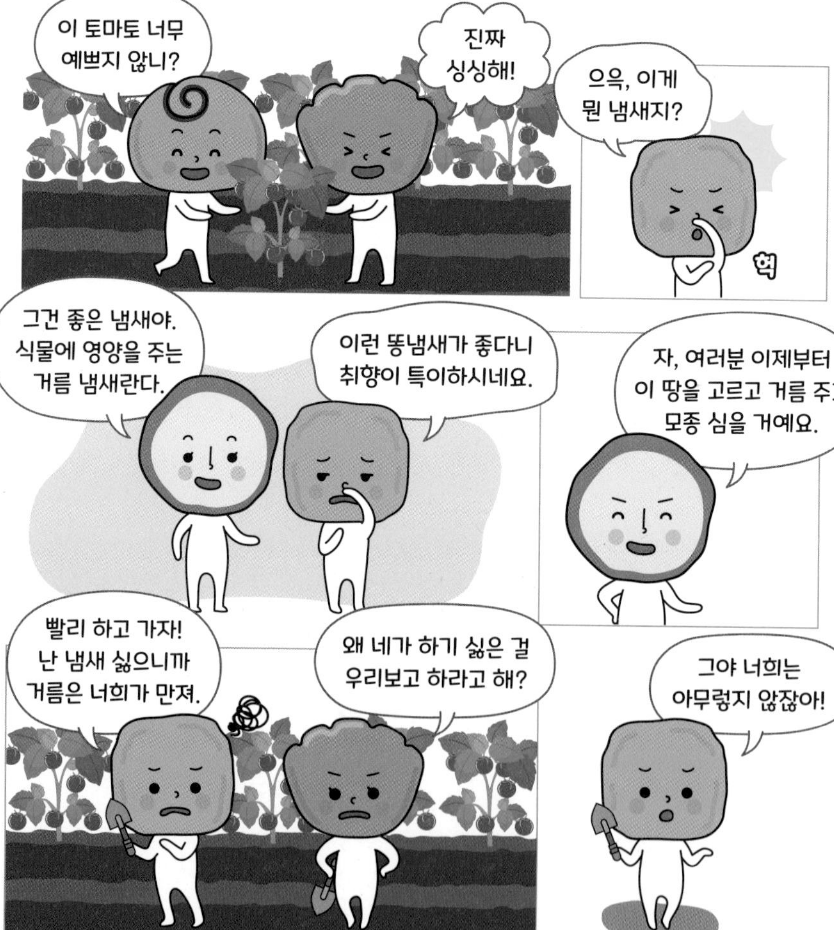

▶ 한자로 된 문장을 읽으면서 그 뜻과 속에 담긴 가르침을 잘 알아두고 실천합시다.

원문	己	所	不	欲	勿	施	於	人
음	기	소	불	욕	물	시	어	인
뜻	자기	것	아니다	하고자 하다	말다	실시하다	~에게	사람
풀이	자기가 하고 싶지 아니한 것을 다른 사람에게 하도록 하지 말아야 합니다.							

해설 어렵고 힘든 일은 누구나 하기 싫은 법입니다. 그런데 자기는 하기 싫으면서 남에게 하라고 하는 것은 그릇된 행동이지요. 어떤 일을 하든지 상대방에게 먼저 의사를 물어봐야 하며, 어려운 일은 서로 나누어 맡아서 함께 힘 모아 도와가며 해 나가야 한답니다.

VI

이웃과 공동체를 위하여

098

장자자유 유자경장
長者慈幼 幼者敬長

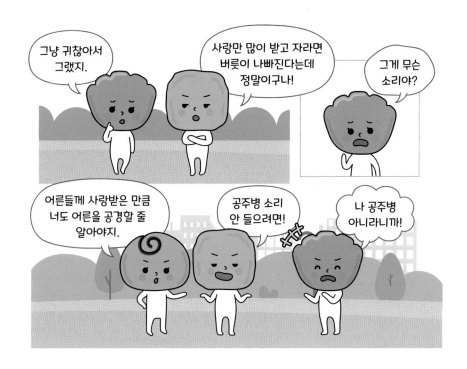

▶ 한자로 된 문장을 읽으면서 그 뜻과 속에 담긴 가르침을 잘 알아두고 실천합시다.

원문	長	者	慈	幼	幼	者	敬	長
음	장	자	자	유	유	자	경	장
뜻	어른	사람	사랑하다	어리다	어리다	사람	공경하다	어른
풀이	어른은 어린이를 사랑해야 하며, 어린이는 어른을 공경해야 합니다.							

해설 부모는 자녀를 사랑하고 어른은 어린이를 아껴 줍니다. 하지만 부모의 사랑이 지나치면 자녀는 예의를 모르는 이기주의자가 되기 쉽지요. 또한 어린이는 어른에게 공손히 인사하고 존댓말을 바르게 써야 합니다. 사랑과 공경이 함께할 때 세상은 행복해진답니다.

099

장자지전 진퇴필공
長者之前　進退必恭

▶ 한자로 된 문장을 읽으면서 그 뜻과 속에 담긴 가르침을 잘 알아두고 실천합시다.

원문	長	者	之	前	進	退	必	恭
음	장	자	지	전	진	퇴	필	공
뜻	어른	사람	~의	앞	나아가다	물러가다	반드시	공손하다
풀이	어른의 앞에서는 나아가거나 물러날 때 반드시 공손히 해야 합니다.							

해설 집, 학교 등 일상생활이 이루어지는 어디서나 어른이 계시는 곳에 드나들 때는 공손한 자세로 인사할 줄 알아야 합니다. 인사는 모든 예절의 기본이지요. 공손하게 인사하는 사람은 남에게 신뢰감을 주며, 신뢰감은 커서 성공하는 데 바탕이 된답니다.

100 연장이배 부이사지
年長以倍 父以事之

▶ 한자로 된 문장을 읽으면서 그 뜻과 속에 담긴 가르침을 잘 알아두고 실천합시다.

원문	年	長	以	倍	父	以	事	之
음	연	장	이	배	부	이	사	지
뜻	나이	많다	~도	곱절	아비지	~라 여기다	섬기다	그
풀이	나이가 자기보다 곱절로 많이 드신 어른은 아버지라 여기고 그분을 섬깁니다.							

해설 나이가 자기보다 두 배 이상으로 많은 어른은 자신의 아버지와 같이 깍듯이 대하고 잘 모시는 것이 예의이며 바른 도리입니다. '나이가 무슨 상관이냐?' 하며 무시하는 것은 올바른 태도가 아니지요. 누구나 나이가 들면 어른이 된다는 점을 기억해야 한답니다.

101

십년이장 형이사지
十 年 以 長 兄 以 事 之

▶ 한자로 된 문장을 읽으면서 그 뜻과 속에 담긴 가르침을 잘 알아두고 실천합시다.

원문	十	年	以	長	兄	以	事	之
음	십	년	이	장	형	이	사	지
뜻	열	나이	~로	많다	형	~라 여기다	섬기다	그
풀이	나이가 자기보다 열 살 정도로 더 많으면 형이라 여기고 그분을 모십니다.							

해설 자기보다 나이가 열 살 정도 많은 윗사람에 대한 호칭이 애매할 때가 있습니다. 친분이 있으면 '형(형님), 오빠, 누나(누님), 언니' 등의 호칭이 적당하며 예의를 갖추어 대해야 하지요. 그러나 처음 보는 사람에게 무조건 '형, 오빠' 하면 실례가 될 수도 있답니다.

102

아경인친 인경아친
我 敬 人 親　人 敬 我 親

▶ 한자로 된 문장을 읽으면서 그 뜻과 속에 담긴 가르침을 잘 알아두고 실천합시다.

원문	我	敬	人	親	人	敬	我	親
음	아	경	인	친	인	경	아	친
뜻	나	공경하다	사람	어버이	사람	공경하다	나	어버이
풀이	내가 다른 사람의 부모님을 공경하면, 다른 사람도 나의 부모님을 공경합니다.							

해설 남의 부모님을 만나면 내 부모님을 대하듯 예의 바르고 공손하게 인사해야 합니다. 그렇게 하면, '가는 말이 고와야 오는 말이 곱다.'는 속담처럼 내 부모님도 다른 사람으로부터 공경을 받게 되지요. 부모님에 대한 공손한 태도는 모든 예절의 기본이랍니다.

아경인형 인경아형
我 敬 人 兄　人 敬 我 兄

▶ 한자로 된 문장을 읽으면서 그 뜻과 속에 담긴 가르침을 잘 알아두고 실천합시다.

원문	我	敬	人	兄	人	敬	我	兄
음	아	경	인	형	인	경	아	형
뜻	나	공경하다	사람	형	사람	공경하다	나	형
풀이	내가 남의 형을 공경하면, 남도 나의 형을 공경합니다.							

해설 남에게 대접받기를 바라면 먼저 남을 대접해야 합니다. 내가 다른 사람의 형이나 누나를 공경하는 것을 보면, 남도 나의 형이나 누나를 공경하게 되지요. 남이 나에게 잘해 주기를 바라는 이기심보다 내가 먼저 남에게 잘해 주려는 이타심을 길러야 한답니다.

빈객래방 접대필성
賓客來訪 接待必誠

▶ 한자로 된 문장을 읽으면서 그 뜻과 속에 담긴 가르침을 잘 알아두고 실천합시다.

원문	賓	客	來	訪	接	待	必	誠
음	빈	객	래	방	접	대	필	성
뜻	손님	손님	오다	찾다	내접하다	대접하다	반드시	정성
풀이	손님이 집에 찾아오면 반드시 정성스럽게 대접해야 합니다.							

해설 무슨 일이 있어서 자기 집을 방문한 사람에게는 누구든지 환대하고 성의껏 대접하는 것이 도리이고 예의입니다. 물론 잘 모르는 사람은 당연히 주의를 해야 하겠지요. 또한 남의 집에 가면 그 집 사정도 모르고 무조건 대접받으려고 해서는 안 된답니다.

빈객불래 문호적막

賓客不來 門戶寂寞

▶ 한자로 된 문장을 읽으면서 그 뜻과 속에 담긴 가르침을 잘 알아두고 실천합시다.

원문	賓	客	不	來	門	戶	寂	寞
음	빈	객	불	래	문	호	적	막
뜻	손님	손님	아니다	오다	문	집	고요하다	쓸쓸하다
풀이	손님이 찾아오지 않으면 집의 대문이 고요하고 쓸쓸해집니다.							

해설 옛날엔 집집이 대문이 있었습니다. 주인의 인심이 안 좋다고 소문난 집에는 이웃이나 손님들이 거의 안 찾아가니 대문간이 잠잠하고 쓸쓸하기까지 했겠지요. 그래서 이 말은 이웃 간에는 서로 도우며 인심을 잃지 않고 살아야 한다는 교훈을 담고 있답니다.

106

손인리기 종시자해
損 人 利 己 　 終 是 自 害

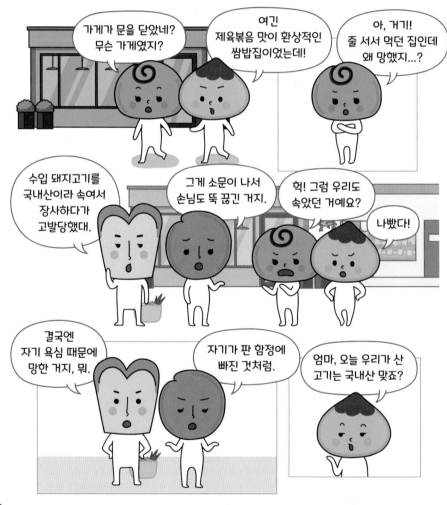

▶ 한자로 된 문장을 읽으면서 그 뜻과 속에 담긴 가르침을 잘 알아두고 실천합시다.

원문	損	人	利	己	終	是	自	害
음	손	인	리	기	종	시	자	해
뜻	손해 보다	사람	이롭다	사기	마침내	이것	자기	해치다
풀이	남을 손해 보게 하고 자기를 이롭게 하면 마침내 이것이 자기를 해치게 됩니다.							

해설 눈앞의 이익 때문에 다른 사람에게 손해를 끼치게 하면 당장은 이로울지 모르지만, 나중에는 그 일로 인하여 자신이 해를 입게 됩니다. 거짓이나 의롭지 못한 행동에 대해서는 언제든 꼭 엄벌을 받고 큰 책임을 면하기 어렵다는 것을 기억해야 합니다.

107

덕업상권 과실상규
德業相勸 過失相規

▶ 한자로 된 문장을 읽으면서 그 뜻과 속에 담긴 가르침을 잘 알아두고 실천합시다.

원문	德	業	相	勸	過	失	相	規
음	덕	업	상	권	과	실	상	규
뜻	선행	일	서로	권하다	허물	잘못	서로	타이르다
풀이	착하고 어진 일은 서로 권하며, 허물이나 잘못은 서로 타일러 줍니다.							

해설 좋은 친구나 이웃끼리는 착한 일을 서로 같이하자고 권하며, 실수하거나 잘못하면 친절한 태도로 충고하거나 고치도록 도움을 줍니다. 남을 칭찬하는 데 인색하면 속 좁은 사람이 되고, 남의 잘못을 보고도 모른 척하거나 감춰 주면 잘못을 반복하게 된답니다.

108

예속상교 환난상휼
禮俗相交　患難相恤

▶ 한자로 된 문장을 읽으면서 그 뜻과 속에 담긴 가르침을 잘 알아두고 실천합시다.

원문	禮	俗	相	交	患	難	相	恤
음	예	속	상	교	환	난	상	휼
뜻	예법	풍속	서로	사귀다	근심히다	어렵다	서로	돌보다
풀이	예절에 대한 풍속에 따라 서로 사귀며, 근심하거나 어려워하면 서로 돌봅니다.							

해설 친구나 이웃이라고 말을 함부로 하면 감정이 상할 수 있습니다. 아무리 친한 사이라고 해도 고운 말을 쓰며 인사도 바르게 해야 하고, 어려운 일이 있으면 서로 도우며 생활해야 하지요. 그런 친구는 '죽마고우'가 되고, 그런 이웃은 '이웃사촌'이 된답니다.

109

빈궁곤액 친척상구
貧窮困厄 親戚相救

바로 알고, 바로 쓰는 빵빵한 어린이 사자소학

▶ 한자로 된 문장을 읽으면서 그 뜻과 속에 담긴 가르침을 잘 알아두고 실천합시다.

원문	貧	窮	困	厄	親	戚	相	救
음	빈	궁	곤	액	친	척	상	구
뜻	가난하다	가난하다	괴롭다	재앙	친하다	친척	서로	돕다
풀이	가난하여 살기 어렵고 괴로운 재앙이 닥치면 친척들이 서로 도와줍니다.							

해설 살다 보면 예기치 않은 재난을 당하여 생활에 어려움을 겪는 친척이나 이웃이 있습니다. 그럴 때는 친척들과 이웃이 힘을 합해 도와주면 용기를 내어 일어서고 다시 새 희망을 찾게 되지요. 서로 도움을 주고받으며 사는 것은 행복하고 아름다운 일이랍니다.

110

혼인사상 인보상조
婚 姻 死 喪　隣 保 相 助

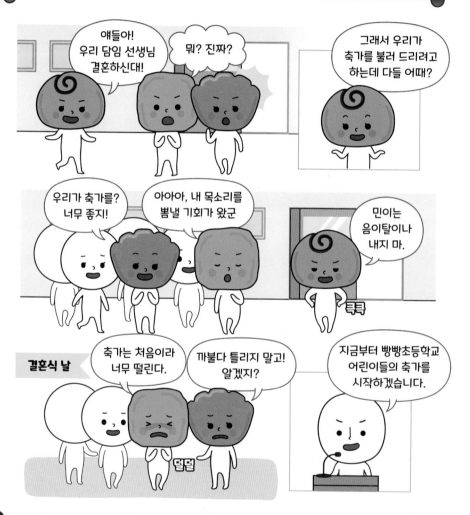

▶ 한자로 된 문장을 읽으면서 그 뜻과 속에 담긴 가르침을 잘 알아두고 실천합시다.

원문	婚	姻	死	喪	隣	保	相	助
음	혼	인	사	상	린(인)	보	상	조
뜻	결혼하다	혼인하다	죽나	죽다	이웃	돕다	서로	돕다
풀이	결혼식을 하거나 초상난 집이 있으면 이웃끼리 서로서로 도와줍니다.							

해설 친척이나 이웃, 또는 아는 사람의 집에 혼사가 있거나 초상이 났을 때는 서로서로 도울 수 있어야 합니다. 이러한 아름다운 전통을 미풍양속이라고 하지요. 대가를 바라고 하는 도움이 아니라 성심성의껏 축하해 주고 위로해 주는 것이 참된 도움이랍니다.

111

인지덕행 겸양위상
人 之 德 行　謙 讓 爲 上

▶ 한자로 된 문장을 읽으면서 그 뜻과 속에 담긴 가르침을 잘 알아두고 실천합시다.

원문	人	之	德	行	謙	讓	爲	上
음	인	지	덕	행	겸	양	위	상
뜻	사람	~의	덕	행하다	겸손하다	사양하다	이루다	위
풀이	사람의 덕행으로는 겸손과 사양이 제일 위에 있습니다.							

해설 겸손한 자세와 사양하는 마음은 다른 사람에게 신뢰감을 주고 좋은 인상을 심어 줍니다. 그래서 예부터 덕행 중에 가장 으뜸으로 꼽혀 오는 것이 겸손과 사양이지요. 특히 웃어른을 대할 때는 반드시 실천해야 할 덕행임을 기억하고 실천해야 한답니다.

VII

부지런한 배움, 바른 성장

112

사사여친 필공필경
事 師 如 親　必 恭 必 敬

▶ 한자로 된 문장을 읽으면서 그 뜻과 속에 담긴 가르침을 잘 알아두고 실천합시다.

원문	事	師	如	親	必	恭	必	敬
음	사	사	여	친	필	공	필	경
뜻	섬기다	스승	같다	어버이	반드시	공손하다	반드시	공경하다
풀이	스승을 섬기는 일은 부모님같이 하여 반드시 공손히 하고 공경해야 합니다.							

해설 우리에게 좋은 지식과 바른 행동을 가르쳐 주시는 분을 선생님, 또는 스승님이라고 합니다. 부모님처럼 사랑과 정성을 다해 제자를 바른길로 이끌어 주시는 스승님께는 부모님을 대하듯 공손히 모시고 언제나 공경하는 마음을 가질 수 있어야 한답니다.

113

선생시교 제자시칙
先 生 施 教　弟 子 是 則

▶ 한자로 된 문장을 읽으면서 그 뜻과 속에 담긴 가르침을 잘 알아두고 실천합시다.

원문	先	生	施	敎	弟	子	是	則
음	선	생	시	교	제	자	시	칙
뜻	먼저	태어나다	베풀다	가르치다	제자	사람	이것	본받다
풀이	선생님께서 가르침을 베풀어 주시면 제자는 이 가르침을 본받아야 합니다.							

해설 선생님께서 가르쳐 주시는 지식과 행동은 잘 배우고 본받아야 합니다. 그 가르침은 가정이나 사회생활, 그리고 상급학교 진학을 위해 모두 필요한 것들이지요. 좋은 책 속에 들어 있는 스승의 가르침도 매우 중요하므로 독서도 열심히 해야 한답니다.

숙흥야매 물라독서
夙興夜寐 勿懶讀書

▶ 한자로 된 문장을 읽으면서 그 뜻과 속에 담긴 가르침을 잘 알아두고 실천합시다.

원문	夙	興	夜	寐	勿	懶	讀	書
음	숙	흥	야	매	물	라	독	서
뜻	일찍	일어나다	밤	자다	말다	게으르다	읽다	책
풀이	아침 일찍 일어나고 밤늦게 자며, 책 읽기를 게을리하지 말아야 합니다.							

해설 일찍 일어나서 밤늦게 자는 것은 하루를 부지런히 보낸다는 뜻입니다. 또한 열심히 책을 읽으며 공부하는 습관도 들이도록 노력해야 하지요. 어릴 때 부지런히 생활하고 공부하는 좋은 습관을 만들게 되면 자라서는 어떤 일을 해도 성공에 이를 수 있답니다.

115

근면공부 부모열지

勤 勉 工 夫 父 母 悅 之

▶ 한자로 된 문장을 읽으면서 그 뜻과 속에 담긴 가르침을 잘 알아두고 실천합시다.

원문	勤	勉	工	夫	父	母	悅	之
음	근	면	공	부	부	모	열	지
뜻	부지런하다	힘쓰다	장인	사내	아버지	어머니	기쁘다	그것
풀이	공부하는 데에 부지런히 힘쓰면 부모님은 그것을 기뻐하십니다.							

해설 조선 시대 유학에서 '공부(工夫)'는 '학문을 배워 실천한다.'라는 뜻으로 쓰였습니다. 무슨 일이든 성취하기 위해 열심히 노력하는 과정이 공부이지요. 자녀들이 가정이나 학교에서 열심히 배우고 익히는 모습을 보면 부모님께서는 언제나 흐뭇해하시고 기뻐하신답니다.

시습문자 자획해정
始習文字 字劃楷正

▶ 한자로 된 문장을 읽으면서 그 뜻과 속에 담긴 가르침을 잘 알아두고 실천합시다.

원문	始	習	文	字	字	劃	楷	正
음	시	습	문	자	자	획	해	정
뜻	처음	익히다	글월	글자	글자	자획	곧다	바르다
풀이	문자를 처음에 배워 익힐 때는 글자들의 점과 획을 곧고 바르게 써야 합니다.

해설 한글, 한자, 영어 등 처음 문자 쓰기를 익힐 때는 쓰는 순서에 따라 글자 모양을 정확하고 바르게 쓰는 연습을 해야 합니다. 어릴 때 바르고 예쁜 손 글씨를 쓰는 능력을 길러 두면 평생의 자산이 됩니다. 글자에는 쓴 사람의 인품이 드러난다고 합니다.

▶ 한자로 된 문장을 읽으면서 그 뜻과 속에 담긴 가르침을 잘 알아두고 실천합시다.

원문	書	冊	狼	藉	每	必	整	頓
음	서	책	낭	자	매	필	정	돈
뜻	글	책	어지럽다	어지럽다	늘	반드시	정리하다	정돈하다
풀이	서책이 어지럽게 흩어져 있으면 늘 반드시 가지런히 정리정돈합니다.							

해설 공부가 끝나면 여기저기 흩어져 있는 책이나 학용품들을 꼭 정리정돈하는 습관을 들여야 합니다. 책 읽는 것만이 아니라 책상이나 침상 등 자기의 물건들을 가지런하고 깨끗하게 스스로 정돈하는 것도 공부이지요. 그러면 몸도 마음도 바르고 깨끗해진답니다.

능효능제 막비사은
能 孝 能 悌 莫 非 師 恩

▶ 한자로 된 문장을 읽으면서 그 뜻과 속에 담긴 가르침을 잘 알아두고 실천합시다.

원문	能	孝	能	悌	莫	非	師	恩
음	능	효	능	제	막	비	사	은
뜻	할 수 있다	효도	할 수 있다	공경하다	없다	아니다	스승	은혜
풀이	부모님께 효도하고 웃어른을 공경할 수 있음은 스승의 은혜 아닌 것이 없습니다.							

해설 자녀들이 효도와 공경을 알고 실천할 수 있는 것은 모두 선생님의 가르침 덕입니다. 온갖 어려움을 견디며 선생님들은 제자들을 바르게 가르치시는 일에 헌신하고 계시지요. 스승의 은혜에 보답하는 길은 그 가르침을 잊지 않고 행동으로 실천하는 것이랍니다.

능지능행 총시사공
能 知 能 行 總 是 師 功

▶ 한자로 된 문장을 읽으면서 그 뜻과 속에 담긴 가르침을 잘 알아두고 실천합시다.

원문	能	知	能	行	總	是	師	功
음	능	지	능	행	총	시	사	공
뜻	할 수 있다	알다	할 수 있다	행하다	모두	이것	스승	공
풀이	지식을 배우고 알아 행동으로 실행할 수 있는 것은 모두 스승의 공입니다.								

해설 학교에서는 지식만 배우는 것이 아니라, 배운 지식을 가정과 사회에서 실천하는 방법도 배웁니다. 선생님들의 지도로 체험학습과 봉사활동 등을 통해서 실천하게 되지요. 어린 시절에 배우고 익히는 모든 것에는 선생님들의 정성과 노력이 깃들어 있답니다.

120

독서근검 기가지본
讀書勤儉 起家之本

누나 뭐해?

책 읽으니까 방해하지 말아.

누나는 무슨 재미로 사는지 모르겠어요.

어머, 왜?

맨날 책만 읽고, 용돈도 안 쓰고 저축만 해요.

그리야, '독서근검 기가지본'이라는 말이 있어.

그게 무슨 말인데요?

책을 많이 읽고 부지런하고 검소한 것이 집안을 일으키는 힘이라는 뜻이지.

뭐야, 딱 우리 누나네.

▶ 한자로 된 문장을 읽으면서 그 뜻과 속에 담긴 가르침을 잘 알아두고 실천합시다.

원문	讀	書	勤	儉	起	家	之	本
음	독	서	근	검	기	가	지	본
뜻	읽다	책	부지런하다	검소하다	일으키다	집	~의	근본
풀이	책 읽기와 부지런함과 검소함은 집안을 일으키는 근본입니다.							

해설 독서와 부지런함과 검소함은 어릴 때부터 몸에 익혀야 평생을 갑니다. 학문과 기술을 열심히 배워 익혀야 꿈을 이룰 수 있으며, 부지런하고 검소하게 생활해야 몸과 마음을 건강하게 유지하며 행복한 집안을 이루어 나갈 수 있음을 잊지 말아야 하겠습니다.

※ 『빵빵한 어린이 사자소학』을 읽고 난 후, 자기 마음에 드는 내용이나
실천하고 싶은 내용을 찾아서 한문과 풀이를 써 보세요.

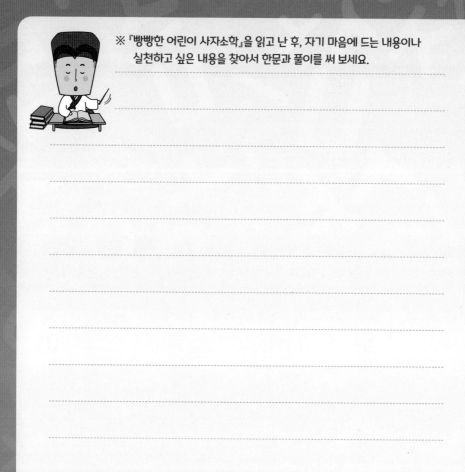

※ 『빵빵한 어린이 사자소학』을 읽고 난 후, 자기 마음에 드는 내용이나
   실천하고 싶은 내용을 찾아서 한문과 풀이를 써 보세요.

바로 알고, 바로 쓰는
『빵빵한 어린이 맞춤법』

글 : 현상길
그림 : 박빛나

이 『빵빵한 어린이 맞춤법』은 어릴 때부터 바른 우리말을 잘 알고 쓸 수 있도록 도움을 주기 위해 만들어졌습니다. 이 책은 어린이들에게 우리의 일상생활에서 많이 쓰이면서도 자주 틀리거나 헷갈리는 어휘들을 한글 맞춤법에 맞도록 올바로 알게 하고, 곧바로 쓸 수 있게 도와줄 것입니다. 또한 모든 공부의 기초가 되는 어휘력을 향상시켜 학습에 자신감을 심어 줄 것입니다.

이 책은 일상생활에서 많이 틀리거나 헷갈리는 우리말 어휘 120개를 엄선하였습니다. 그리고 이 어휘들을 아이들의 가정생활이나 학교생활 등에서 실제로 활용하는 장면을 재미있는 그림으로 보여 주고, 어휘의 뜻과 풀이를 달아 주어 누구나 쉽게 익힐 수 있도록 내용을 편성하였습니다.

■ 이 책의 좋은 점
– 아이들과 친근한 '빵'과 관련된 캐릭터가 등장함으로써 책과 쉽게 친해지게 됩니다.
– 아이들의 일상생활 장면을 통해 틀리거나 헷갈리는 어휘를 올바로 알고 쓸 수 있게 됩니다.
– 모든 공부의 기초가 되는 어휘력 향상을 통해 쓰기 학습에 자신감을 심어 줍니다.
– 가족 간의 자연스러운 대화를 통해 바른 인성을 기르는 데에도 도움을 줍니다.

바로 알고, 바로 쓰는
「빵빵한 어린이 관용어」

글 : 현상길
그림 : 박빛나

이 「빵빵한 어린이 관용어」는 어릴 때부터 우리말의 표현법을 잘 알고 쓸 수 있도록 도움을 주기 위해 만들어졌습니다. 이 책은 어린이들에게 우리의 일상생활에서 많이 쓰이는 관용어들의 뜻을 바르게 알고, 곧바로 쓸 수 있게 도와줄 것입니다.

이 책은 일상생활에서 많이 쓰이는 우리말 관용어 120개를 엄선하였습니다. 그리고 이 관용어들을 아이들의 가정생활이나 학교생활 등에서 실제로 활용하는 장면을 재미있는 그림으로 보여 주고, 관용어의 뜻과 풀이를 달아 주어 누구나 쉽게 익힐 수 있도록 내용을 편성하였습니다.

■ 이 책의 좋은 점
- 아이들과 친근한 '빵'과 관련된 캐릭터가 등장함으로써 책과 쉽게 친해지게 됩니다.
- 아이들의 일상생활 장면을 통해 관용어들의 사용법을 올바로 알고 쓸 수 있게 됩니다.
- 모든 공부의 기초가 되는 우리말 어휘력과 말하기 표현력을 향상시켜 줍니다.
- 가족 간, 친구 간의 자연스러운 대화를 통해 바른 인성을 기르는 데에도 도움을 줍니다.

바로 알고, 바로 쓰는

빵빵한
어린이
사자소학